Remerciements

Lorsque l'on entreprend de faire la chronologie de ses expériences personnelles en insufflant la vie aux mots, c'est avec l'espoir que ce témoignage suscitera la compréhension et l'émerveillement, et contribuera à éclairer le parcours d'une autre personne. Il aurait été impossible de mener à bien la rédaction de ce livre sans appui. Il a été créé par la fusion des pensées, des idées et des expériences de vie de personnes qui sont particulièrement chères à mon cœur.

Je dois premièrement exprimer ma reconnaissance au « Verbe créateur », que l'on désigne par des noms divers, tels que Dieu, Allah, Yahvé, Être divin et Lumière infinie. Ce Pouvoir, je l'ai baptisé la « Source », la Source du tout.

Je souhaite manifester ma gratitude aux âmes qui sont venues vers moi, sur ce plan terrestre, avec leurs histoires d'amour et leurs tragédies, cherchant un conseil, un dénouement, une guérison et la paix. J'espère avoir répondu à leurs espérances et réussi à apaiser leur cœur et leur esprit.

Je souhaite exprimer ma reconnaissance et dire merci à tous ces êtres aimés du monde spirituel qui reviennent à travers moi, comme des figures de rêve, pour que je retransmette à leurs familles ainsi qu'à leurs amis certains faits de leur existence terrestre. Ces souvenirs maintenant tissés dans la vaste tapisserie du temps sont un témoignage et un grand réconfort ; ils démontrent qu'il n'y a que la vie, que la mort n'existe pas. Par la puissance de l'amour, et uniquement de l'amour, ces âmes à la nature vibrante établissent une liaison avec nous, pour nous apporter courage, force, puissance et conseil et nous soutenir dans l'accomplissement de notre destinée terrestre personnelle.

Je veux remercier mes guides célestes et mes instructeurs, qui sont à mes côtés depuis l'éclosion de mon don particulier. Ils n'ont jamais manqué de communiquer à mon travail leur force, leur pouvoir et leur sagesse, fournissant un exemple de croissance, d'illumination et d'élévation spirituelle non seulement aux individus mais également à l'ensemble des hommes.

Je désire aussi exprimer mon amour et ma gratitude à ces personnes qui m'ont soutenu par leur amour et leurs encouragements : Brian E. Hurst, Carol Shoemaker, Mary Ann Saxon, Marilyn Jensen, Peter Redgrove, Linda Tomchin et Cammy Farone.

À toute ma famille, mes amis et mes amours dans la vie présente, je souhaite dire à quel point je ressens une profonde gratitude pour chacun de vous sans exception. Les moments passés avec vous ont non seulement enrichi mon âme, mais ils m'ont également enseigné de précieuses leçons sur la façon d'exprimer les émotions qui habitent le cœur humain. L'amour célèbre la vie. Merci de célébrer la plénitude de notre passé, de notre présent et de notre devenir.

Je vous remercie tous de partager votre lumière, d'accomplir ensemble ce voyage éternel de vie et d'amour.

Dialogues avec l'au-delà

JAMES
VAN PRAAGH

Dialogues avec l'au-delà

Message d'un médium sur la vie après la mort

Traduit de l'anglais
par Céline Parent-Pomerleau

J'AI LU

Collection dirigée
par Ahmed Djouder

Titre original
TALKING TO HEAVEN
A MEDIUM'S MESSAGE OF LIFE AFTER DEATH
Publié par Dutton Plume, New York, a division of Penguin Putnam.

À Connie,
le tout premier ange
que j'ai rencontré sur terre
et qui m'a montré le chemin du soleil.

PREMIÈRE PARTIE

La Révélation

1

Le médium

On me demande fréquemment si je suis né médium ou si je le suis devenu par suite d'une terrible maladie, de quelque blessure à la tête causée par un accident bizarre, ou après une expérience de mort imminente. Si effrayantes que soient ces hypothèses, la découverte de la mission de mon existence ne peut être associée à aucune de ces circonstances tragiques.

Je ne suis pas différent des autres personnes. En naissant, nous sommes tous dotés à un certain degré de pouvoirs psychiques. La question est de savoir si nous en avons conscience et si nous en tenons compte lorsque nous agissons. Comme bien des gens, j'ignorais ce qu'on entendait par pouvoirs psychiques. Je crois que c'est en regardant un jeu télévisé que j'ai entendu pour la première fois le mot « psychique ». J'ai eu du mal à le prononcer et plus encore à en comprendre le sens. C'est le mot qui arrivait le mieux à expliquer pourquoi je *savais* des choses sur les gens lorsqu'ils entraient dans une pièce et également pourquoi un jour, à l'école catholique où j'étais en première année, mon professeur m'a demandé de rester dans la classe après les heures de cours.

La pause de midi venait de prendre fin et les enfants retournaient à leur local. Je venais juste de ranger ma boîte à déjeuner Yogi l'ours lorsque Mme Weinlick, mon institutrice, est entrée dans la salle. Nos regards se sont croisés et je fus aussitôt envahi par un sentiment de tristesse. Je me suis alors approché d'elle et je lui ai dit : « John s'est cassé la jambe, mais tout ira bien. » Elle m'a regardé d'un air fâché et a demandé : « De quoi parles-tu ? » « John a été heurté par une auto, répondis-je, mais il va bien, il s'est seulement cassé la jambe. » Eh bien, j'ai cru que les yeux allaient lui sortir de la tête. Elle a pointé son doigt vers ma chaise et m'a ordonné d'y rester assis le reste de la journée. Environ une heure plus tard, le directeur s'est présenté à la porte de la classe et il a eu une conversation avec Mme Weinlick. Tout à coup, Weinlick a paru affolée, son visage est devenu livide, puis elle est sortie à la course en criant.

Le lendemain, Mme Weinlick semblait redevenue elle-même, si ce n'est qu'elle m'a dévisagé toute la journée. Elle m'a demandé de rester après les cours afin de me parler. Que Dieu la bénisse ! Ses paroles m'ont permis de prendre contact avec mes pouvoirs psychiques. Son fils John avait été fauché par une voiture, semblait-il, mais, par miracle, il n'avait subi qu'une simple fracture à la jambe. Elle me demanda : « Comment savais-tu que cela allait arriver ? » Comment lui répondre ? Je le savais, tout simplement. Je l'avais senti. Son regard restait fixé sur moi et je me suis mis à pleurer. *Étais-je le responsable, est-ce moi qui avais créé cet accident, qui avais blessé son fils ?*

Bien sûr, elle chercha à me calmer en disant de ne pas m'en faire. « Plusieurs adultes et enfants connaissent les événements avant qu'ils ne se produisent », remarqua madame Weinlick. Elle affirma que j'étais « un messager de Dieu » et qu'Il m'avait accordé un don particulier, « afin que tu puisses aider les gens un jour », ajouta-t-elle. Elle me dit de ne jamais me tourmenter au sujet des choses que je pourrais voir en pensée. « Tu es spécial », dit-elle. Toutefois, elle me conseilla de bien choisir les personnes avec lesquelles je partagerais ma *spécificité*.

Ce fut la première explication qui m'a été donnée de ce que sont les facultés paranormales. Lorsque j'évoque cette période, je suis reconnaissant à Mme Weinlick de son explication. Elle m'a aidé à bien des égards. Si j'avais eu une religieuse et non une laïque comme professeur responsable, ma vie aurait pu prendre une tout autre tournure.

Aujourd'hui, je comprends parfaitement ce pouvoir qui m'a été donné de voir et de sentir les choses qui n'appartiennent pas à ce monde physique. Souvent appelée sixième sens, la perception extrasensorielle est également assimilée à l'intuition, à l'instinct, ou à une certaine prescience des choses. Chaque jour, nous faisons tous appel à cette forme de perception sans nous en rendre compte. Par exemple, combien de fois vous est-il arrivé en répondant à un appel téléphonique d'avoir au bout du fil la personne à laquelle vous songiez quelques minutes plus tôt ? Ou encore d'avoir l'instinct de changer de file au milieu de la circulation pour constater quelque part en chemin qu'il y avait un accident sur l'autre voie ? En vous rendant au travail, vous avez peut-être senti que votre patron allait être de mauvaise humeur et avez constaté en arrivant que c'était effectivement le cas. Pensez au nombre de fois où vous avez entendu à la radio une chanson que vous aviez en tête quelques instants plus tôt. Ces faits donnent tous un exemple de ce qu'est la perception extrasensorielle. D'où vient ce sixième sens ? Dans la langue grecque, le mot *psychique* signifie « de l'âme ». Lorsque nous utilisons nos pouvoirs psychiques, nous nous ouvrons à l'énergie de l'âme ou à la force de vie qui pénètre toutes les créatures vivantes.

Enfants, nous sommes plus doués encore qu'à l'âge adulte – nos pouvoirs psychiques ne sont peut-être pas plus puissants, mais nous sommes davantage à l'écoute de nos perceptions suprasensibles. Non seulement parce que nous sommes encore très proches de l'autre face de la vie, mais également parce que la pensée et la faculté d'expression verbale n'ont pas atteint leur plein développement en nous, si bien que nous devons nous fier à nos sentiments et à nos impressions pour entrer en relation avec le monde physique. Qui n'a pas vu un bébé se mettre à pleurer quand une personne le prend et se calmer dès qu'il va dans les bras d'une autre ? Sans doute le bébé perçoit-il des vibrations plus harmonieuses ou sécurisantes chez le deuxième individu. C'est ce qui explique que les bébés réclament toujours leur mère. L'enfant et la mère sont unis par un lien très fort. Combien de fois la mère se précipite-t-elle dans la chambre d'enfant au moment précis où son bébé s'éveille, sentant que sa présence est requise ? Ce lien ne cesse de se renforcer et très vite, la mère arrive à connaître intuitivement les besoins de son enfant sans avoir aucunement besoin de signaux verbaux de la part du bébé.

L'énergie de l'âme est également à l'œuvre au sein des règnes végétal et animal. Les plantes sont particulièrement sensibles ; elles se développent bien dans un environnement paisible et favorable, lorsqu'elles se sentent aimées et entourées de soins. Cela me rappelle un fait très intéressant. Un jour, à l'époque où je travaillais de neuf à cinq, j'ai reconduit une collègue chez elle. Une fois assis dans son appartement, j'ai entendu un son très aigu. J'étais entouré par cette vibration à haute fréquence. On aurait dit un blessé criant au secours. En regardant autour de moi, j'ai fini par découvrir de quoi il s'agissait. Toutes les plantes de l'appartement étaient en train de se flétrir, de mourir. Elles demandaient de l'eau. J'ai immédiatement avisé la femme, qui m'a avoué ne pas les avoir arrosées depuis plus de deux semaines.

L'idée que les plantes poussent des cris pourra sembler étrange à plusieurs. Je leur suggère de lire des ouvrages sur ce sujet, en particulier *La Vie secrète des plantes,* de Peter Tomkins (Robert Laffont). Nous devons nous rendre compte que la *magie* de la vie existe dans toutes les formes, les apparences, les dimensions, y compris les plantes. Si nous prenons le temps d'être réceptifs, de nous ouvrir à nos facultés extrasensorielles ainsi qu'aux énergies qui nous entourent, nous pourrons en apprendre davantage sur ces formes de vie.

Outre le règne végétal, les animaux, c'est bien connu, se fient à leur sixième sens. Observez le comportement de Fido ou de Minette. Combien de fois avez-vous vu un chien se tapir ou aboyer sans arrêt lorsqu'il est en présence d'un certain individu ? Avez-vous remarqué que, lorsqu'il se promène dans une pièce bondée, il a tendance à demeurer aux côtés d'une personne de préférence à toutes les autres ? Ou qu'un animal devient naturellement nerveux et désorienté et cherche à se cacher dans un placard ou sous les meubles lors de cataclysmes tels que les séismes, les tornades ou les ouragans ? L'animal ne s'informe pas en regardant la télé comme nous le faisons. Il sait. En général, les animaux sentent l'approche d'une catastrophe naturelle. De la même manière, ils ressentent intensément l'anxiété humaine. Si vous voulez savoir le temps qu'il fera, observez un troupeau de vaches dans un champ voisin. Dans les instants qui précèdent un orage, il est fréquent de voir les vaches couchées sur l'herbe. Pour assurer leur sécurité et leur survie, tous les animaux de la création ont obéi à leur instinct ou à leur faculté de pressentir.

Voir Dieu de mes propres yeux

Avant même que je n'accorde de l'intérêt à mes facultés psychiques, il m'arrivait souvent de réfléchir à l'existence de Dieu. Même si j'avais été élevé dans la religion catholique et que j'avais fréquenté l'école catholique pendant neuf ans, je trouvais que la vision de Dieu du catholicisme était trop limitée et peu réaliste. Il fallait avoir une foi aveugle en la déité et cela me laissait perplexe. Je ne cessais de me poser des questions telles que : *Comment savoir si Dieu existe vraiment ? Quelqu'un a-t-il déjà vu Dieu ? Comment Dieu a-t-il créé toute chose à partir de rien ? Qui a écrit les récits de la Bible ? Sont-ils véridiques ?*

J'avais beau vouloir croire au Dieu défini par les rituels et les lois de l'Église, je ne ressentais pas la présence de Dieu en moi. Était-il de mon devoir de respecter la cérémonie quotidienne de la messe ? J'avais l'impression qu'il me manquait une pièce du puzzle. *Les religieuses m'avaient-elles caché quelque chose ? À la messe, avais-je raté un élément que tous les autres avaient saisi ? Étais-je le seul qui remettait en question leurs croyances ?* Dans mon jeune esprit, ma requête semblait assez simple : *Si Dieu existe, s'il vous plaît, donnez-m'en la preuve.*

J'avais huit ans lorsque ma prière fut exaucée. Un matin de bonne heure, alors que j'étais couché dans mon lit, j'ai senti une bouffée d'air glacé me fouetter le visage. J'ai tiré les couvertures sur moi et jeté un coup d'œil en direction de la fenêtre de ma chambre. Elle était complètement fermée. Pendant que je tentais de m'expliquer comment ce coup de vent avait pénétré dans ma chambre, j'ai levé les yeux et j'ai vu une grande main venant du plafond, paume tournée vers le bas. Elle émettait une lumière blanche scintillante. J'étais hypnotisé, mais pour une raison ou une autre, je n'avais pas peur. Je ne comprenais pas ce qui était en train de se produire, mais peut-être parce que j'étais un enfant, je n'éprouvais aucune crainte. J'étais prêt à accepter la réalité de l'image que je voyais. Soudain, je fus submergé par un sentiment de paix, d'amour et de joie. Même si la voix de Dieu n'a pas tonné (comme la Bible le rapporte souvent) pour répondre à mes questions ou me révéler ma destinée, je savais que cette vision était Dieu. Je savais aussi que je ferais tout ce qui serait nécessaire pour connaître de nouveau ce sentiment de joie. Je découvrais que la vie ne se résumait pas à ce que l'on m'avait enseigné et à ce que l'œil physique me permettait de voir.

Cette main de lumière constitua ma première expérience de clairvoyance et même si elle fit une profonde impression sur moi, je n'en ai jamais parlé à personne. J'avais le sentiment que c'était mon secret et que, de toute manière, personne ne me croirait. Plus tard, j'en apprendrais bien davantage sur la clairvoyance, dans laquelle des images, des formes, des scènes, des esprits, des visages et des endroits lointains, invisibles aux yeux physiques, s'impriment dans notre esprit. Ainsi, le soir avant de m'endormir, je voyais un bon nombre de formes, de visages et de scènes apparaître ou défiler dans mon esprit. La clairvoyance s'apparente à la vision de ces images dans notre esprit. Dans le deuxième chapitre, j'expliquerai davantage en quoi elle consiste.

Une séance, un certain samedi soir

Après la saisissante démonstration de la main, je n'avais plus aucun doute sur l'existence de Dieu. Après tout, Dieu seul avait le pouvoir d'apparaître comme par magie. Pourtant, toute une nouvelle série de questions surgit dans mon esprit. Je devins fasciné par le concept de la mort et par ce qui survient après la vie. Je me surpris à formuler des hypothèses sur le ciel et la vie après la mort. *Existe-t-il un endroit où nous allons après notre mort ? Y a-t-il un ciel, un enfer ou un lieu de transition ? La vie a-t-elle une fin ?* Tout ce que je savais, je l'avais appris à l'école catholique, et ce savoir était trop partial. *Quelles sont les croyances des autres gens en ce qui concerne Dieu et la vie après la mort ?* Je voulais comprendre, en savoir davantage. Je voulais pousser plus loin mes recherches. Je ne me doutais nullement de l'aventure spirituelle qui s'annonçait.

Scott était mon meilleur ami. Nous jouions au baseball et faisions ensemble tout ce qui intéresse les jeunes de notre âge. Nous avons aussi essayé certains jeux divinatoires qui semblent faire partie intégrante du développement d'une majorité de jeunes. Nous nous amusions à interroger la *Magic Eight Ball,* mais nos larges sourires s'évanouissaient rapidement lorsque nous obtenions des réponses telles que *Réponse indéterminée. Reposez votre question plus tard.* Comment ce jeu pouvait-il vraiment savoir ? Nous communiquions avec les esprits en faisant appel au *ouija,* mais chacun de nous était convaincu que l'autre poussait la planchette. Aussi était-il naturel que nous décidions un certain samedi de tenir une séance à dix-neuf heures le même soir. Ce qui constituait la limite comme « heure fatidique » pour des jeunes de douze ans.

J'ai un souvenir très net de cette journée qui parut interminable. Je revoyais passer rapidement dans ma tête chaque film de Vincent Price que j'avais vu. Pour une raison ou une autre, je *savais* que cette soirée allait être spéciale – qu'il se produirait quelque chose de majeur. À dix-huit heures quarante-cinq, je devins trop impatient pour attendre davantage. J'avais découvert deux heures plus tôt une bougie blanche que j'avais cachée dans ma poche, pensant que nous en aurions besoin pour tenir une séance convenable. J'ai couru à la maison de Scott en un temps record. Après avoir salué brièvement ses parents, je me précipitai avec lui dans la pièce servant de bureau. Je tendis la bougie à Scott. Il l'alluma et la plaça au milieu d'un cendrier sur une table disposée entre nous deux. Après avoir fermé la fenêtre, nous avons éteint les lumières, puis nous nous sommes assis l'un en face de l'autre et avons attendu. Même si nous nous disions que c'était simplement un jeu, nous avions tous les deux le trac. L'ambiance était sinistre à souhait. La bougie créait des ombres bizarres tout autour de la pièce et découpait les contours de nos visages éclairés de reflets inquiétants. L'intérêt principal du jeu consistait à voir qui aurait peur et fuirait le premier.

Nous sommes restés assis en silence pendant trente minutes. Je n'en pouvais plus à la fin.

« Qu'est-ce qu'on fait maintenant ? » demandai-je, impatient.

Scott haussa les épaules. « Peut-être devrions-nous demander à parler à quelqu'un. »

C'était le premier anniversaire de la mort de Janis Joplin, aussi Scott suggéra-t-il que nous l'appelions. Nous avons invoqué Janis en psalmodiant pendant une dizaine de minutes. Nous avons attendu. Il ne s'est rien passé. Nous avons de nouveau appelé Janis. La flamme de la bougie ne bougea pas et il n'y eut pas de coups mystérieux sur la table. Aucun courant d'air glacé ne traversa la pièce. Nous avons attendu encore un peu. Nos regards balayaient la pièce, à l'affût du moindre mouvement, d'un indice quelconque de la venue de Janis. Mais, hélas, il n'y avait que deux garçons de douze ans qui commençaient sérieusement à s'ennuyer.

Je décidai de tenter une dernière demande. « Janis, si tu es dans la pièce, fais-nous signe avec la bougie », ordonnai-je de ma voix la plus grave, la plus théâtrale.

La bougie vacilla légèrement. Brusquement, la flamme s'inclina vers la gauche et demeura dans cette position une seconde. Puis elle se déplaça vers la droite et y demeura penchée. Scott et moi étions assis, figés sur place. La flamme se mit à faire frénétiquement l'aller-retour entre la gauche et la droite. Nous ne pouvions respirer ni l'un ni l'autre. Quelque chose faisait bouger la flamme de la bougie et ce n'était certainement pas nous. Nous étions trop paralysés pour tenter quoi que ce soit. Soudain, la bougie s'éteignit et la pièce fut plongée dans une obscurité totale. Dans un accès de bravoure, nous sommes sortis de la pièce en criant pour nous réfugier auprès des parents de Scott.

Avions-nous contacté Janis Joplin ? Qui sait ? Je suis convaincu que nous avons ouvert la porte à une chose ou à un être vivant à l'extérieur du monde physique. Néanmoins, je trouve tout à fait ironique que ce qui a débuté comme une simple plaisanterie entre deux garçons m'ait initié de façon assez amusante à ce qui allait devenir ma carrière.

D'autres phénomènes paranormaux

Si je me rappelle bien, j'ai vécu bon nombre d'expériences étranges et surnaturelles pendant mon enfance. On pourrait dire, je suppose, que la séance que je viens d'évoquer fut la plus spectaculaire... dans le genre macabre. Ce fut une expérience parmi plusieurs autres du même genre qui, je le sais aujourd'hui, furent annonciatrices d'une existence tissée de mystère, de suspense et de spiritualisme. Tel a toujours été le credo de ma vie : L'INCONNU EST CE QUI N'A PAS ENCORE ÉTÉ DÉCOUVERT. C'était dans ma nature de poursuivre l'inexplicable et de chercher à obtenir des réponses. Ma curiosité me mena souvent en des lieux que les anges craignent de fréquenter. Enfant, j'inventais souvent des jeux, des thèmes et des distractions variés pour confirmer la réalité des mondes surnaturels et la fascination qu'ils exerçaient sur moi. Les maisons hantées et les cimetières représentaient mes deux attractions préférées. J'étais intrigué au plus haut point à la seule idée qu'une maison puisse abriter des formes vivantes invisibles errant dans ses corridors. Il y avait en moi un détective-né. Il prenait souvent la relève et je n'avais pas de repos avant d'avoir trouvé la clef du mystère qui m'était posé.

La maison Bell constituait justement l'un de ces mystères. C'était un édifice à l'aspect menaçant, recouvert de peinture grise écaillée et défraîchie, dont les volets fatigués tenaient à peine à leurs charnières. Certains s'ouvraient à demi sur des fenêtres de couleur jaunâtre. La maison Bell appartenait à un siècle depuis longtemps oublié, où chevaux et charrettes régnaient en maîtres dans les rues et où les bestiaux broutaient paresseusement sur les terres. La maison, ou le Manoir, ainsi qu'on l'appelait communément, se dressait menaçante, loin de la chaussée, cachée derrière d'énormes arbres. Avec mes yeux d'enfant, je voyais ses flèches pointer vers le ciel jusqu'à la stratosphère. Abandonnée depuis plus de cinquante ans, la maison Bell constituait toujours un point de repère inquiétant sur le trajet de la maison à l'école. Je me rappelle que nous avions l'habitude de courir à toute vitesse lorsque nous passions devant, à cause des histoires qui s'étaient répandues à son sujet. Il y avait entre autres une histoire sur une vieille dame aux cheveux blancs dont les plaintes résonnaient dans toute la maison.

On racontait que cette femme avait un fils engagé dans la marine marchande. Après qu'il fut resté plusieurs mois sans travail, elle insista pour qu'il prenne part à une expédition. Le fils partit à contrecœur et on ne le revit jamais. D'après ce qu'on disait, la température avait brusquement changé et le navire sur lequel le fils naviguait avait été détruit au cours d'une terrible tempête. Il n'y avait eu aucun survivant. La mère n'accepta jamais cette version des événements et crut que son fils s'était enfui. À compter de ce moment, on la vit souvent errer dans les pièces de la maison, chercher son fils et crier sa douleur toute la nuit. Il lui arrivait de laisser une chandelle allumée dans l'espoir que son fils l'aperçoive et qu'il retrouve le chemin de la maison. Mais il y avait pire. Nous autres enfants savions tous que si nous venions à regarder la maison et à poser les yeux sur le visage de la femme, celle-ci viendrait la nuit dans notre chambre pendant notre sommeil pour nous ramener vivre avec elle dans sa demeure à jamais !

Mes amis et moi n'avons jamais oublié la légende de la maison Bell, et même si c'était une invention, cela ajoutait une touche de suspense à un aller-retour entre l'école et la maison par ailleurs monotone. En grandissant, probablement vers l'âge de dix ou onze ans, j'ai mis au placard l'histoire de la vieille dame et de son fils, mais néanmoins je demeurais fasciné par la demeure. Je m'arrêtais devant et regardais la fenêtre au second étage, espérant apercevoir la faible lueur d'une chandelle ou entendre le bruit étouffé de plaintes confuses. Il y avait à coup sûr quelque chose dans cette maison. Je le savais. Je sentais qu'elle m'appelait et que je devais répondre à son appel.

C'est ce que je fis un jour. Scott, mon soi-disant complice occultiste, ainsi que deux ou trois braves du voisinage décidèrent de suivre mon exemple. Nous devions trouver un moyen de pénétrer dans la maison. Nous avons résolu que la meilleure façon d'y accéder serait de passer par l'arrière de la maison, qui était pour ainsi dire enfouie sous les arbres. Comme il n'y avait aucune clôture, la tâche se révéla plus simple que nous ne l'avions cru à première vue. Après que nous eûmes avancé à travers les arbres, nos regards se posèrent sur une maison en bois décrépite et délabrée. La forteresse qui avait autrefois fait l'objet de tant de récits d'horreur et d'épouvante semblait en fait ne consister qu'en un amas de bois et de ciment vétuste.

Par bonheur, il y avait une fenêtre près de la porte de derrière. Pendant que l'un des garçons faisait le guet, les autres enlevèrent une planche barricadant la fenêtre. Un jet de lumière vint effleurer un siècle d'obscurité. Nous nous sommes glissés avec précaution à l'intérieur de la maison qui, de toute apparence, avait résisté de justesse à l'assaut du temps. Dès l'instant où je fus debout dans la pièce, j'ai eu un frisson. Au lieu de la peur et de la frayeur que j'avais anticipées, j'éprouvais de la joie, une envie de rire. En regardant autour de moi, je découvris ce qui ressemblait à un immense salon tout en longueur. Sur les murs tachés par la pluie pendaient des lambeaux de papier peint déchiré, de couleur rose. Par endroits, d'immenses trous dans les murs laissaient apparaître des lattes en bois. En traversant la pièce, j'ai eu l'étrange impression que l'on y avait donné des dîners dansants. J'arrivais presque à voir les gens passer en valsant, alors que dans un coin de la salle, un petit orchestre jouait pour les invités jusqu'aux premières heures du matin. J'ai marché vers le fond, jusqu'à une pièce attenante. De toute évidence, il s'agissait d'une salle à manger assez spacieuse pour accueillir beaucoup de monde. Je voyais en pensée une table de banquet chargée des aliments les plus exquis. Sur la table, des candélabres illuminaient le repas du soir. Les cris de mon copain Kevin me tirèrent brusquement de ma rêverie :

« Ah, merde ! Venez voir ça », hurla-t-il.

En rejoignant Kevin et le reste de la bande, je découvris ce qui l'avait mis dans tous ses états. Le plancher était jonché de livres et de photographies de toutes sortes. Plusieurs de ces ouvrages portaient sur les techniques marchandes, le commerce et l'art de la navigation. Il y avait aussi de nombreux livres de comptes remplis de chiffres inscrits au crayon. Lorsque nous avons tous pris conscience au même moment que les livres portaient sur la navigation et les bateaux, nous sommes devenus blêmes ! D'un même mouvement, nous nous sommes tournés vers la porte, cherchant le moyen de fuir au plus vite. Les histoires que l'on nous avait racontées dans notre enfance nous revinrent immédiatement à la mémoire. *Était-ce la vérité, après tout ?* Nous frissonnions à la pensée de ce qui pouvait nous arriver. *Si l'endroit était hanté, si des fantômes se cachaient dans les couloirs ?* J'ignore si nous voulions jouer les durs, mais aucun de nous n'avait l'intention de montrer à quel point il avait peur. Malgré tout, je savais que nous avions tous la trouille. Nous décidâmes de rester ensemble et de continuer à explorer les environs.

J'ai jeté un coup d'œil sur deux photos que j'avais ramassées sur le plancher. Il s'agissait de photos d'enfants. L'une d'elles représentait un bébé et l'autre, deux petits garçons tout endimanchés. Leur ressemblance les désignait clairement comme deux frères. Pendant que je tenais la photo, j'ai senti une présence derrière moi, vous savez, ce genre d'impression – vous croyez que quelqu'un marche derrière vous. C'est exactement ce que j'ai ressenti. Effrayé, j'ai aussitôt laissé échapper la photo. *C'était la femme aux cheveux blancs, elle venait me chercher !* J'ai tourné la tête pour regarder derrière moi et je n'ai rien vu. *Ce devait être mon imagination.*

Il se produisit alors un fait des plus étranges. Il me vint à l'idée d'aller dans un coin de la pièce et de ramasser la photographie placée la plus près du mur. Je me suis donc approché et j'ai pris la photo. Sur la photo encadrée, une jeune femme élégante soutenait mon regard. Vêtue d'une longue robe noire, elle tenait un ravissant bouquet à la main. Elle avait un visage incroyable, empreint de douceur, avec un regard profond qui semblait lire en moi. Ses cheveux étaient relevés en un chignon serré entouré d'un ruban. En approchant l'image de moi, j'ai eu le sentiment qu'elle était la mère des enfants apparaissant sur les deux photos. Je ne saurais expliquer au juste comment je le savais, je savais, tout simplement. En regardant par terre, j'ai aperçu une photographie représentant un homme à moustache. Il avait les bras croisés et regardait droit devant lui. J'ai aussi ramassé cette photo. En la tenant dans ma main, j'ai su qu'il était le mari de la jeune femme. J'avais le sentiment que cette famille donnait souvent des réceptions, que c'était sans doute une famille riche et influente de la région. En regardant d'autres photos, j'ai eu l'intuition qu'ils avaient des affinités avec le monde politique. J'étais incapable d'expliquer mes intuitions à mes camarades et ils pensaient tous que j'étais fou ou que je me laissais emporter par mon imagination. Toutefois, je savais qu'une force quelconque me poussait vers cet angle de la pièce. *De quoi ou de qui s'agissait-il ? Comment pouvais-je savoir que cette famille particulière aimait donner des réceptions ou que ses membres s'occupaient de politique ? Ces renseignements m'étaient-ils donnés par les fantômes qui erraient encore dans les couloirs ? Fallait-il croire ce qu'on nous avait raconté dans notre enfance à propos de la dame aux cheveux blancs et son fils ?*

Je n'ai reçu de réponses à mes questions que trois ans plus tard. Jamais je n'oublierai ce jour. J'étais chez moi et le courrier venait d'être distribué. Il y avait une brochure de la Société d'histoire de Bayside intitulée *Bayside, hier et aujourd'hui*. On y racontait que la ville avait été habitée à l'origine par diverses tribus amérindiennes, puis par les Hollandais et finalement par des marchands anglais. Mon intérêt ne fut vraiment éveillé qu'en arrivant au passage concernant la maison Bell.

Abraham Bell, un riche négociant maritime, avait fait l'acquisition de trois cents acres de terre sur lesquelles il avait fait bâtir un manoir familial en 1849. Sa famille assez nombreuse comptait deux fils d'âges très rapprochés. Il fut l'un des premiers à s'établir à Bayside. Je continuai de lire… Appartenant à l'élite, à la haute société, les Bell aimaient à recevoir les officiers municipaux de la ville de New York et de nombreux hommes politiques de Washington. Fasciné, je poursuivis ma lecture et tournai la page. Ce que j'y vis me fit écarquiller les yeux : les photos de monsieur et madame Bell – celles-là mêmes que j'avais tenues dans mes mains trois ans plus tôt ! Je reçus la confirmation des impressions que j'avais eues lors de cette visite mouvementée.

J'ai vécu toutes mes autres expériences inexplicables vers cet âge, lorsque j'avais dix ou onze ans. Pendant l'heure du déjeuner, il arrivait à certains d'entre nous de s'ennuyer et de vouloir faire autre chose que jouer au foot ou sauter à la corde avec les filles. Les garçons les plus cool allaient en ville pour vérifier combien de trucs ils pourraient voler au bazar sans se faire prendre. De retour à l'école, l'après-midi, ils exhibaient fièrement leur butin – le plus souvent constitué de stylos, de règles et de marqueurs. (C'était super comme activité parascolaire pour des élèves fréquentant l'école catholique !)

De toute manière, puisque je n'étais ni cool ni voleur, je ne trouvais pas cela génial. Nous étions un petit groupe qui fréquentions le cimetière Lawrence. Ce cimetière familial créé au début du dix-neuvième siècle est devenu depuis un site historique. Un après-midi, lors de l'une de nos excursions au cimetière, il s'est produit une expérience particulièrement intéressante et mystérieuse. Assis sous un arbre avec deux camarades de classe, je terminais mon repas du midi. C'était un jour de printemps ensoleillé. Nous goûtions pleinement la sérénité du cimetière et envisagions de sécher les cours pour le reste de la journée. Alors que nous débattions la question, les rires de deux enfants ont soudain résonné pas très loin de nous. Après avoir tous regardé dans cette direction sans rien apercevoir, nous avons expliqué la chose en disant que nous avions probablement entendu de loin les voix de deux enfants qui jouaient dans une cour du voisinage. Nous étions à peine rassurés par cette explication quand les rires se firent de nouveau entendre. Nous fûmes tous envahis par un sentiment d'étrangeté et une légère angoisse. Pendant que nous marchions vers l'endroit d'où cela provenait, les rires des enfants ont de nouveau retenti. Toujours incapables d'apercevoir quoi que ce soit, nous avons continué d'avancer, à contre-cœur.

Nous étions à proximité lorsque mon copain Peter s'écria : « Regardez ! » Nous avons vu deux jeunes enfants, un garçon et une fillette, qui se ressemblaient beaucoup. Ils devaient avoir environ cinq et six ans. Lorsque nous nous sommes approchés, ils ont pris la fuite et il nous a été impossible de les retrouver. C'est là le plus bizarre. Lors de nos nombreuses visites au cimetière, nous n'avions rencontré presque personne et pas un seul enfant. Nous avons pensé qu'il valait mieux retourner à l'école. Au moment où nous nous retournions pour partir, mon ami Tim a crié : « Venez voir ça ! » Son regard s'était fixé sur quelque chose. C'était une pierre tombale où étaient inscrits les noms de deux enfants, un frère et sa sœur, morts à l'âge de quatre ans et cinq ans ! *S'agissait-il d'une apparition ?* Franchement, je l'ignore, mais je sais que mes camarades n'ont jamais voulu reparler de l'incident.

Si j'avais été capable alors de comprendre ces expériences, elles auraient pu m'annoncer ce que l'avenir me réservait. Mais étant sous d'autres rapports un enfant normal, j'accordais plus d'intérêt à certains loisirs tels que le base-ball, les cartes de base-ball et le foot.

Mon enfance à l'école catholique

Lorsque je ne m'amusais pas à visiter les maisons hantées et les cimetières, je fréquentais l'École catholique du Sacré-Cœur. Comme plusieurs enfants de mon âge, j'avais du mal à comprendre le concept de Dieu. Je l'imaginais comme un barbu sympathique et aimant, capable cependant de nous haïr si nous faisions le mal et de nous faire brûler en enfer pour nous punir. Suffisant pour donner des frissons à un enfant, n'est-ce pas ? Je me rappelle que je m'asseyais parfois dans l'église et contemplais le tableau au-dessus de l'autel. C'était une image magnifique représentant Jésus qui souriait au monde entier. Je me rappelle avoir pensé : *Comment quelqu'un comme lui pourrait-il nous faire brûler en enfer ?*

On nous avait enseigné aussi que si nous adressions des prières à Dieu, il les entendrait et les exaucerait. Eh bien, je ne me rappelle pas que l'une de mes prières ait été exaucée. Cette idée m'était incompréhensible. Enfant, je posais constamment des questions sur Dieu, qui recevaient rarement une réponse. Lorsque c'était le cas, les réponses n'étaient pas satisfaisantes et soulevaient plutôt d'autres questions. Par exemple, les religieuses de l'école portaient un costume noir et une guimpe blanche. Dès l'instant où j'ai vu les religieuses dans ces costumes, j'ai eu peur d'aller à l'école. Ces femmes ne correspondaient pas à l'image que je m'étais formée des *épouses de Dieu*, surtout vêtues de noir. Quand je leur demandais pourquoi elles portaient du noir, elles ne savaient que répondre.

Dès ma plus tendre enfance, j'ai eu conscience du paradis. Même si je me le représentais avec ses portes, ses anges et tout le reste, je savais aussi qu'il était bien plus que cela. Je savais que lorsque nous irions au ciel, nous verrions tous nos amis et les membres de notre famille décédés avant nous. Si les sœurs étaient d'accord avec le fait que nous retrouvons les êtres chers disparus au paradis, elles précisaient qu'ils nous apparaîtraient sous la forme d'âmes. Je n'ai jamais compris ce qu'était une âme. Je savais que les gens vivaient au paradis, mais si c'était le cas, *où était leur âme ? Fai-*

sait-elle partie d'eux-mêmes ? Les religieuses furent de nouveau embarrassées par de pareilles questions. Malheureusement, elles répondirent comme à l'habitude de « rester tranquille et de ne pas poser tant de questions », puis renchérirent en disant : « Un jour tu découvriras où vont ces âmes et tu regretteras alors d'avoir posé une telle question. » J'imagine qu'elles voulaient insinuer que je le découvrirais le jour de ma mort.

Je me rappelle que lors de ma deuxième année à l'école un incident m'amena à m'interroger encore davantage sur Dieu. Je n'avais pas le crayon de couleur exigé pour un cours particulier, aussi sœur Mathilda m'a frappé avec sa main – si fort que j'ai été projeté sur le plancher et que j'ai perdu conscience un moment. Lorsque je me suis rassis à ma place, elle était déjà de l'autre côté de la pièce. Je n'avais alors que sept ans ! Je me souviens d'avoir pensé : *Pourquoi m'a-t-elle frappé ? Je n'ai fait de mal à personne. Je n'ai rien fait de mal. Comment une personne qui enseigne de s'aimer les uns les autres, une personne mariée à Dieu, peut-elle me traiter comme ça ?* C'est pourquoi, très jeune, ma foi en l'Église catholique est devenue chancelante, considérant ce qui était enseigné et ce qui était pratiqué. Je restais perplexe.

Je suis demeuré à l'école catholique à cause de ma mère, une fervente catholique irlandaise. Elle assistait à la messe tous les jours en affirmant que c'était la seule façon d'aller au ciel. Quand je l'interrogeais au sujet des autres religions, elle se bornait à les traiter de « païennes ». (Selon l'Église catholique, le catholicisme était la seule vraie religion.) Comme je ne voulais ni être un païen ni brûler en enfer, j'ai continué de fréquenter l'École du Sacré-Cœur, mais je demeurais méfiant à l'égard de ces grandes dames aux allures de pingouins !

Avec du recul, j'arrive à comprendre pourquoi les religieuses malmenaient à ce point les enfants et pourquoi certains prêtres (pas tous, cependant) étaient alcooliques, commettaient des abus sur les enfants ou avaient des liaisons secrètes. À mon avis, il est extrêmement difficile et quasi surhumain d'être constamment en état de grâce. Allons, nous ne sommes que des humains ! Bien sûr, certaines personnes parviennent à mener une vie aussi austère et j'en suis heureux pour elles. Toutefois, pour la majorité des gens, c'est du domaine de l'impossible. Il ne faut pas s'étonner de l'énorme baisse des entrées au noviciat ou au grand séminaire. Le système de croyances de l'Église catholique est archaïque. À bien des égards, elle a conservé l'idéologie du XVe siècle. La vie change et évolue sans cesse. Ce qui était vrai pour nos ancêtres ne l'est plus forcément pour nous. Parce que nous sommes des êtres vivant sur terre, nous sommes appelés à grandir, à évoluer sans cesse. Au lieu de nous étiqueter les uns les autres d'après nos croyances religieuses, nous devons nous considérer comme un tout. Je ne prétends pas que la religion soit une mauvaise chose. Bien au contraire. Si la plupart d'entre nous appliquions les idéaux des religions auxquelles nous appartenons, le monde serait un endroit bien meilleur. La guerre ne ferait plus de victimes et personne ne serait tué par balles dans nos rues. Il n'y aurait plus de sans-abri ou de gens qui ont faim. Malheureusement, je crois que les chefs religieux s'intéressent davantage au pouvoir terrestre qu'à préparer le salut de leurs fidèles.

Le séminaire n'était pas pour moi

Après avoir passé huit ans à l'école primaire du Sacré-Cœur, j'ai fréquenté le petit séminaire Eymard, à Hyde Park, dans l'État de New York. L'idée de devenir prêtre n'était pas de moi mais de ma mère. Comme j'avais toujours rêvé de quitter ma ville natale, cela m'est apparu comme une occasion à saisir. La vie au séminaire se révéla une expérience particulièrement difficile pour moi. C'était la première fois que je quittais la maison et je m'ennuyais de ma famille. Bien plus, je me sentais abandonné. J'avais quatorze ans alors et j'étais très déprimé. Heureusement pour moi, j'ai découvert que plusieurs autres garçons traversaient aussi une période d'adaptation sur le plan émotionnel. S'il est un précepte bien enseigné par l'Église catholique, c'est que la souffrance communautaire est hautement unificatrice. Nous avons tous fini par nous habituer.

Au séminaire, je me suis de nouveau retrouvé dans un environnement rigide et discipliné. Étant d'un naturel sensible, je percevais souvent les frustrations des prêtres et des frères. Je sentais qu'ils auraient pour la plupart préféré la vie laïque, mais, pour une raison quelconque, ils avaient donné leur vie à Dieu. À l'époque où j'étudiais au séminaire, je désirais aussi consacrer ma vie à Dieu, sans toutefois vouloir devenir prêtre ou frère, ces derniers ayant un style de vie trop restrictif.

Je mettais en doute les idées présentées à la messe comme des articles de foi. De plus, comme jadis à l'école primaire, je n'étais pas convaincu que la religion se préoccupait uniquement de Dieu. Il semblait y avoir trop de lois et de règlements et pas assez de témoignages de la parole de Dieu dans le monde. Mais on n'oubliait jamais de faire la quête.

Au cours de ma première année au séminaire, il m'est arrivé souvent de réfléchir aux questions que je me posais sur Dieu. Je gardais ces pensées pour moi, de crainte que tout le monde me prenne pour un fou. Souvent, pendant la messe, je retournais cette idée dans mon esprit : *Qui est Dieu ou qu'est-ce que Dieu ?* L'expérience de la main tendue auréolée de lumière me revenait chaque fois à l'esprit. Je me disais : *Est-ce cette main qui m'a permis de sortir sain et sauf de l'école catholique ? Est-ce cette main qui m'a conduit au séminaire ?* Plus je m'interrogeais, plus j'avais des doutes au sujet de ma religion. Pourquoi ces questions demeuraient-elles sans réponse ? Je n'aurais plus à attendre bien longtemps avant de savoir enfin.

Cela s'est passé au cours de la semaine pascale, plus précisément le Vendredi saint. L'autel avait été dépouillé de tous ses ornements et on avait voilé les statues, les croix et autres objets de culte. L'ostensoir avait été placé sur un autel latéral. (L'ostensoir est une grande croix en or ouvragée renfermant l'hostie consacrée qui représente le corps du Christ.) Tous les étudiants venaient méditer devant l'ostensoir à tour de rôle. Il n'y avait aucune prière imposée, nous devions donc nous fier à ce que nous ressentions. Tout au long du week-end, les étudiants venaient s'asseoir ou s'agenouiller chacun leur tour pendant trente minutes.

Tandis que j'étais assis, ce Vendredi saint, j'ai senti la présence de Dieu. C'était probablement la première fois que cela se produisait depuis l'expérience de la main. J'étais assis dans cette pièce minuscule, les yeux fixés sur cette incroyable pièce d'orfèvrerie ouvragée de fleurs. Je ne cessais de la fixer et, au bout de vingt minutes, j'ai pris conscience que Dieu était à l'intérieur de la pièce. Il ne se tenait pas debout *à mes côtés*, mais, comme une paix, une tranquillité profonde, il était *en moi*. Ce sentiment était identique à ce que j'avais éprouvé à l'âge de huit ans. Il m'a semblé de nouveau que c'était la preuve que je cherchais, la preuve que Dieu était vivant. Je savais que ce n'était pas l'hostie devant moi. C'était bien plus grand. C'était en moi. Cela parlait à mon cœur – pas avec des mots, mais avec l'amour incommensurable que Dieu avait pour moi et dont je faisais partie. J'ai compris qu'il était possible de sentir la présence de Dieu, non pas seulement dans un séminaire ou à l'église, mais partout et en toute chose. *Dieu n'a pas de limites*. J'avais enfin reçu une réponse et je savais que c'était pour cette raison que j'étais au séminaire. Ce sentiment du divin allait m'accompagner partout où j'irais. À compter de ce jour, plus jamais je n'ai douté de l'existence de Dieu. Il me suffisait de regarder dans mon propre cœur pour voir Dieu.

À la suite de cette expérience, je ne sentis plus l'obligation de terminer mes études au séminaire. Je savais que je n'y apprendrais plus rien. Car si les professeurs voulaient me préparer à comprendre la présence de Dieu, ils avaient réussi. Je comprenais que Dieu faisait partie de moi, de tout ce que je faisais. Dieu était amour et indulgence, compréhension et conciliation, justice et honnêteté. Je découvris que Dieu était à l'intérieur de chacun de nous.

La vie au séminaire m'a appris plusieurs choses et, en y repensant, je suis reconnaissant d'avoir vécu cette expérience. J'ai découvert la conscience de soi qui m'avait fait défaut jusque-là. J'ai été forcé de vivre avec d'autres personnes et de discerner ce qu'il y avait de bon et de mauvais en elles. Il est également ironique que le séminaire m'ait permis de comprendre que le catholicisme n'était pas fait pour moi. J'ai découvert quelque chose de bien plus riche et profond, auquel je peux croire – j'ai trouvé Dieu. Non pas le Dieu assis sur son trône au paradis ou le fils de Dieu crucifié sur la croix, mais le Dieu d'amour qui m'habitait.

À la suite de ces découvertes, je me suis rendu compte qu'il me serait impossible de vénérer un Dieu enchaîné aux lois capricieuses et archaïques de l'Église. J'étais incapable de croire à une mythologie basée sur la culpabilité et le châtiment.

Je trouve encore quelque peu incroyable que l'Église catholique puisse enseigner de pareilles choses. Comprenez-moi bien : chacun a le droit de croire à ce qui lui semble juste. Je ne parle ici que de ce que j'ai vécu.

La communication avec l'au-delà

À la fin de ma première année d'études, j'ai quitté le séminaire pour passer les trois années suivantes dans un collège d'enseignement secondaire public de New York. J'ai de nouveau quitté la maison lorsque je me suis inscrit au San Francisco State College pour me spécialiser en télévision. Je rêvais de faire carrière en tant que scénariste. Comme par hasard, alors que j'assurais la coordination d'une conférence regroupant les auteurs de *Hill Street Blues*, je suis devenu ami avec l'un des producteurs de l'émission. Quand je lui ai dit que j'allais bientôt obtenir mon diplôme, il m'a fait une proposition qui m'est apparue comme ma première véritable chance. Jamais je n'oublierai ces mots magiques : « Téléphone-moi lorsque tu arriveras à L.A. Nous pourrons probablement te faire entrer à l'émission comme assistant à la production. » *Assistant à la production !* Subitement, j'avais le vent en poupe.

Une fois diplômé, je n'ai pas perdu de temps en retournant à New York. Après avoir acheté une voiture, j'ai fait mes bagages, puis j'ai pris la route de l'Ouest. Je suis arrivé à Los Angeles le 7 juillet 1982. Enfin, je jouais dans la cour de récréation des grands. J'étais enfin à Hollywood. Je me suis juré de ne pas quitter La Mecque du cinéma avant d'avoir réalisé mon rêve, avant d'être devenu auteur. J'ai téléphoné à mon ami producteur pour l'informer que j'étais prêt à commencer ma nouvelle vie. Il n'était pas disponible…

Pour subsister, j'ai fait des remplacements jusqu'à ce que je déniche un emploi à plein temps au sous-sol de l'agence William Morris. On m'avait confié la prestigieuse responsabilité de dégrafer les dossiers qui seraient microfilmés. Je passais la majeure partie de mon temps à rêver que j'étais un scénariste célèbre menant une existence dorée. Même si mon emploi du moment n'avait rien à voir avec la profession de mes rêves, j'avais l'impression, au fond de moi-même, qu'il était important pour moi de demeurer à cet endroit. Je n'ai pas mis longtemps à comprendre pourquoi.

Un jour que je discutais de métaphysique avec Carol Shoemaker, ma responsable, celle-ci mentionna qu'elle avait rendez-vous avec un médium, un certain Brian Hurst. « Veux-tu m'accompagner ? » proposa-t-elle. Même si je n'avais pas la moindre idée de ce qu'était un médium, j'ai sauté sur l'occasion qui m'était offerte de quitter le service de l'expédition et faire de nouvelles découvertes.

Nous sommes arrivés à Manhattan Beach quelques minutes avant le rendez-vous fixé pour dix-neuf heures. *Il était possible, après tout, que dix-neuf heures soit l'heure fatidique*. Tout cela me rendait un peu nerveux. La séance en compagnie de Scott et Janis me revenait sans cesse à l'esprit et je commençais à me demander si c'était une bonne idée de contacter les morts.

Le sourire de l'Anglais aux grands yeux verts qui nous accueillit à la porte ne parvint pas à me rassurer. Quand il se présenta, je me suis dit qu'il avait l'air un peu trop sympathique pour le genre de métier qu'il exerçait. Quand j'entrai dans sa maison, mon esprit s'emballa. J'évoquais les images des démons que ce sorcier pouvait ameuter. Malgré tout, Carol et moi avons pris place sur un canapé orange dans un cadre très confortable. Étions-nous prêts pour le voyage ? Je n'en étais pas sûr.

Brian consacra la demi-heure suivante à décrire les expériences que nous allions vivre. Il nous expliqua qu'il possédait le don de clairaudience – il pouvait littéralement *entendre* les esprits lui parler à l'oreille. « Le taux vibratoire du plan spirituel est élevé. Ses habitants parlent très rapidement. Cela ressemble parfois à du morse. Je reçois les informations par bribes, par fragments sporadiques », dit-il. Il termina cette explication en avisant

Carol que son père était debout dans le coin de la pièce. « Il semble s'être blessé au doigt. »

Carol répondit que son père s'était coupé au doigt juste avant de mourir. J'étais sidéré. *Comment pouvait-il le savoir ?* Je m'avançai sur le bord du canapé et attendis d'autres révélations.

Brian continua de parler du père de Carol sans que des coups soient frappés ou que des chandelles se mettent à danser.

Une vingtaine de minutes plus tard, Brian se tourna vers moi pour m'annoncer qu'un esprit portant le nom de James m'envoyait ses amitiés et prenait intérêt à ma vie. J'ignorais absolument de qui il s'agissait. Plus tard, j'ai appris que j'avais un oncle nommé James qui était décédé des années plus tôt.

La séance tirait à sa fin. Brian dit alors : « Vous savez, James, vous avez des dons médiumniques. Les esprits me disent qu'un jour vous accorderez des consultations comme celle-ci aux autres gens. Les esprits projettent de faire appel à vous. »

Je ne savais comment réagir. Après tout, j'avais des ambitions totalement différentes. Je n'étais pas prêt à ce que ma vie prenne une direction diamétralement opposée. Un peu hésitant, je répondis : « J'ai suffisamment de mal à comprendre les vivants, pourquoi voudrais-je commencer à parler aux morts ? »

Brian se contenta de sourire et de confirmer : « C'est ce que vous ferez un jour. »

L'exploration de mes pouvoirs psychiques

Plusieurs mois après notre séance, j'étais toujours hanté par la prédiction de Brian. À ce moment-là, il avait ajouté que tous n'avaient pas la capacité d'élever leur taux vibratoire de sorte que la communication directe avec le monde spirituel devienne possible. « Heureusement pour vous, James, vous pouvez établir ce contact. »

J'étais fasciné par la relation de Brian avec le monde spirituel, et sa déclaration sur mon aptitude à faire de même m'intriguait énormément. Ma curiosité d'enfant reprit le dessus. *Pourquoi moi ? Qu'avais-je fait pour me qualifier pour cela ?* Dans mon cœur, je savais que ma vie allait dans ce sens et que toutes les expériences que j'avais vécues me préparaient à ce tournant. Pourtant, dans ma tête, je ne pouvais accepter un destin aussi bizarre. Après tout, ce n'était pas exactement la vie que j'avais projetée. *Et ma carrière d'écrivain ? N'étais-je pas venu à Los Angeles pour cette raison ? Un autre destin m'attendait-il ?* Je pris la décision de juger par moi-même de l'étendue de mes pouvoirs psychiques.

J'ai acheté tous les livres que j'ai pu trouver sur le développement des facultés psychiques ou médiumniques. Plusieurs ouvrages décrivaient diverses méthodes pour cultiver les dons psychiques que nous possédons tous à la naissance. Certaines de ces techniques étaient les suivantes : je devais tenir un objet dans ma main, puis fermer les yeux et m'ouvrir aux *impressions* éveillées par l'objet. Ces *impressions* pouvaient prendre la forme d'images, de sons, de noms ou d'émotions. Une autre méthode consistait à tenir la photo d'une ou de plusieurs personnes et à noter sur une feuille de papier toute pensée se rapportant aux personnes apparaissant sur la photo, par exemple, leur âge, leurs goûts ou aversions, si elles étaient heureuses, tristes, tendues ou inquiètes, etc. L'un des exercices supposait la participation d'un groupe de personnes. L'une d'elles devait s'asseoir sur une chaise faisant dos au groupe tandis qu'une autre venait se placer debout à une soixantaine de centimètres derrière elle. La personne assise sur la chaise devait alors décrire tout ce qui lui venait à l'esprit au sujet de la personne placée debout derrière elle. S'agissait-il d'une énergie féminine ou masculine ? Quels étaient les traits les plus frappants de cette personne ? Comment était-elle vêtue ? Portait-elle des lunettes ?

Tous ces exercices visaient à m'apprendre à utiliser ma sensibilité plutôt que ma raison pour comprendre le monde autour de moi. Je n'ai pas mis longtemps à incorporer plusieurs de ces exercices à ma vie de tous les jours. Par exemple, en me rendant au bureau, il m'arrivait de tenter de deviner quel ascenseur arriverait en premier ou de voir par intuition les couleurs des vêtements de mes collègues ce jour-là. Plus je faisais appel à mon intuition, plus je devinais juste.

J'ai pu constater à maintes reprises que ces exercices étaient à la fois très utiles et amusants. Je me souviens qu'un jour, en préparant une réunion dans la salle de conférences, j'ai essayé de deviner combien de personnes seraient présentes. Le chiffre vingt-quatre fut le premier à me traverser l'esprit. Aussi, sans demander à personne, j'ai disposé vingt-quatre chaises et versé vingt-quatre verres d'eau. Plusieurs de mes collègues savaient que je m'adonnais à ces jeux psychiques, c'est pourquoi ils ne furent nullement surpris de voir la salle déjà installée. Une fois la pièce bien en ordre, le groupe commença à passer la porte. Ils vinrent s'asseoir un à un, jusqu'à ce qu'ils soient vingt-deux au total. Je me suis dit alors : *Comment puis-je m'être trompé de deux ?* Jodie, un collègue, me lança un clin d'œil, l'air de dire : *Meilleure chance la prochaine fois.* Bien sûr, je baissai la tête pour cacher ma déception. La réunion était commencée depuis cinq minutes à peine lorsque le responsable annonça qu'il avait embauché un nouvel employé. La porte s'ouvrit pour livrer passage à M. Ryan et à Carmen, sa secrétaire. Ils vinrent s'asseoir sur les deux chaises inoccupées. Je jetai un coup d'œil à Jodie et lui retournai son clin d'œil : *Tu vois que j'avais raison !*

Comme ma confiance dans les facultés intuitives que j'avais développées grandissait, je me mis à lire les pensées des gens. Pour ce faire, je me mettais à leur écoute sur le plan émotionnel. J'imagine que l'on pourrait parler ici de réaction instinctive. C'était la même méthode que pour l'exercice avec les photos. J'essayais de sentir ce qui se passait à l'intérieur de l'individu. *Était-ce une bonne personne ? Cachait-elle quelque chose ? Était-elle heureuse ou triste ? Qu'attendait-elle de la vie ? Qu'est-ce qui la motivait ?* J'enregistrais mes impressions et je regardais ensuite la personne devant moi pour vérifier si ce que j'avais perçu intuitivement correspondait à celle-ci sur le plan physique. Au début, il m'a fallu un certain temps pour déterminer quelles questions je devais me poser. Mais par la suite, quelques secondes semblaient suffire pour définir une personne.

Encore une fois, je constatai que plus je me fiais à mon intuition, plus je tombais pile. J'ai dû apprendre à me poser les questions suivantes : *L'impression que j'ai reçue était-elle faussée par mon opinion ou mes préjugés personnels ? S'agissait-il de ma première impression ou ai-je trop « pensé » ce que j'ai senti ?* Je me suis vite rendu à l'évidence : il était avantageux pour moi d'apprendre à me fier à mes intuitions et à suivre ma première impression, indépendamment des motifs qui me faisaient agir ou de l'endroit où le chemin de la vie me menait.

Moins d'un an après avoir entrepris mon programme de développement des facultés intuitives, ma sensibilité avait redoublé. Mes collègues commencèrent à téléphoner à la maison pour me poser des questions sur l'avenir. La plupart de ces questions portaient sur les relations personnelles et ces vibrations se révélaient les plus faciles à définir. J'arrivais tout au moins à sentir immédiatement si quelque chose n'allait pas, puis je commençai à recevoir les images des visages des personnes dont nous parlions. Je pouvais décrire la couleur de leurs yeux et de leurs cheveux, la forme de leur menton et parfois jusqu'à leurs taches de naissance. Au téléphone, lorsque je décrivais les traits physiques de la personne en cause, c'était inévitable, j'avais raison dans presque tous les cas. Je pouvais aussi définir le type de relation qui existait entre deux personnes.

Par exemple, j'ai accordé un jour une consultation à une femme nommée Paula. Quand elle m'a interrogé au sujet de son petit ami Michael, je me suis immédiatement branché sur ses vibrations émotionnelles et j'ai senti sa solitude. (C'est beaucoup plus facile au téléphone, car l'apparence physique n'interfère pas avec les impressions.) Je lui ai dit que je percevais qu'elle se sentait seule sur le plan affectif, qu'elle désirait désespérément avoir une relation normale et équilibrée avec Michael, mais que celui-ci n'était pas disponible sur le plan affectif. « Oui », répondit-elle. J'ajoutai que non seulement il était distant affectivement, mais qu'il n'était pas souvent présent physiquement. (Lorsque deux personnes vivent une relation amoureuse, chaque partenaire est accompagné par l'énergie de l'autre. Si un couple ne passe pas beaucoup de temps ensemble physiquement, l'énergie qui entoure l'autre personne se dissipe en grande partie.)

Une autre fois, une jeune femme du nom de Cindy voulut connaître mon sentiment sur son fiancé. Je percevais l'énergie de Cindy au téléphone et je lui ai demandé le nom de son fiancé. En me branchant sur son nom ainsi que sur l'énergie de Cindy, je ressentis un déséquilibre global. Je lui dis que je ne croyais pas qu'elle faisait un bon choix et je lui suggérai de retarder quelque peu le mariage. « Vous vous trompez complètement », dit-elle, et la conversation n'alla pas plus loin. Deux ans plus tard, une amie évoqua par hasard ma conversation téléphonique avec Cindy. Elle mentionna que Cindy avait effectivement épousé le jeune homme trois mois plus tard. Le mariage avait duré cinq mois et le couple venait de demander le divorce.

Je ne veux pas donner l'impression que je suis infaillible. Bien sûr, ce n'est pas le cas. Je souhaite simplement expliquer que les émotions représentent pour moi la voie la plus facile pour deviner une personne. Les émotions sont des énergies à l'état brut et, qu'ils en aient conscience ou non, la plupart des gens portent leur cœur en étendard.

Le temps aidant, plus je faisais appel à mes intuitions, plus elles gagnaient en force et plus j'apprenais à avoir confiance en elles. Bientôt, des amis, puis les amis de mes amis, se mirent à me téléphoner pour me poser des questions au sujet de leur vie. Je n'ai jamais pensé à me faire payer par aucun de ces derniers, car je n'étais encore qu'un apprenti. Il suffisait d'ailleurs que mes impressions se vérifient pour que je nage dans la joie. C'est au cours de cette période où je m'étais imposé un programme de développement des facultés intuitives que se réalisa la prédiction de Brian sur la communication avec le monde spirituel. Alors que je discutais avec une jeune femme du problème qu'elle vivait, j'ai eu une envie irrépressible de lui demander si elle connaissait une certaine Hélène.

« Oui, répondit-elle. Hélène est ma grand-mère. Elle est décédée il y a un certain temps. »

« Elle me transmet une image de l'Idaho », poursuivis-je.

La jeune fille approuva. « Oui, elle vivait à cet endroit ! »

« Votre grand-mère me dit qu'elle avait l'habitude de faire des travaux d'aiguille et qu'elle avait fabriqué des coussins pour son canapé. Elle dit qu'elle insistait pour que le tabouret pour les pieds demeure à sa place et ajoute qu'elle aimait regarder le joli motif de roses sur le tabouret. Hélène veut que vous sachiez qu'elle a refait un modèle semblable au paradis. »

Il y eut un long silence à l'autre bout du fil. La jeune fille semblait bouleversée, mais elle confirma tout ce que je lui avais retransmis. Aussitôt après avoir raccroché, j'avalai deux aspirines. Je ne pouvais croire que cela se produisait vraiment. La prédiction de Brian s'était réalisée – j'avais bel et bien parlé aux esprits. Malgré toutes les connaissances que j'avais acquises et les confirmations obtenues, je n'étais pas préparé à ce moment. Un monde tout nouveau de sentiments et de connaissances inimaginables m'était ouvert.

Je constatai que lorsque j'élevais ma vibration personnelle afin d'entrer en contact avec l'au-delà, la communication m'apportait un incroyable sentiment de liberté mêlé de joie et d'amour. Je retrouvais le sentiment du divin qui avait rempli mon âme de jeune garçon. Maintenir ce niveau vibratoire était un exercice exténuant qui avait toutefois sa récompense. La difficulté, c'était lorsque la consultation prenait fin et que je devais de nouveau être en rapport avec le monde physique tridimensionnel. Pour demeurer sain d'esprit, j'ai dû m'exercer à une nouvelle forme de haute voltige.

Les demandes de consultations commencèrent à affluer. Je n'ai jamais cherché à attirer les clients – le bouche-à-oreille les a tous menés vers moi. Je fus bientôt surchargé de demandes, au point que j'ai compris qu'il me fallait faire un choix. *Devais-je conserver mon emploi au service des contrats chez Paramount Studios ou exercer à temps complet le talent qui m'avait été donné ?* En réalité, je n'ai jamais eu à choisir. Un si grand nombre des expériences que j'avais vécues m'avaient mené à ce moment. Il suffisait que je trouve le courage et la confiance en soi nécessaires pour faire le saut. Et c'est ce que j'ai fait.

Au cours des dix dernières années, j'ai eu le bonheur de m'entretenir avec des milliers de personnes lors de consultations individuelles, de séminaires, de symposiums internationaux et plus récemment à la radio et à la télévision. Un certain nombre de ces expériences vous seront présentées dans ce livre. Toutes se sont révélées extrêmement gratifiantes, parfaitement positives et chargées d'une émotion intense. J'ai appris à mettre de côté les désirs de l'ego et à laisser la vie me mener librement dans la direction de son choix. Ce fut certainement une aventure passionnante. Et je suis impatient de vivre la suite.

Mon credo

L'expérience de la main vécue à l'âge de huit ans ainsi que les années passées dans des écoles catholiques m'ont fait entreprendre une quête spirituelle qui se poursuit toujours. En cours de route, on m'a souvent demandé si je croyais en l'existence de Dieu ou à celle du paradis et de l'enfer. En me basant sur mes communications avec le monde spirituel et sur les centaines d'ouvrages que j'ai lus, je suis arrivé aux conclusions qui suivent.

Pour commencer, je crois en Dieu, bien sûr. En fait, je crois que nous sommes tous Dieu. Qu'est-ce que j'entends par là ? Eh bien, je crois que nous sommes tous faits à l'image de Dieu. Je ne parle pas de nos qualités humaines mais de nos qualités spirituelles. Même si notre apparence extérieure diffère, nous sommes identiques à l'intérieur. Lorsque nous devenons conscients de la personne spirituelle, nous commençons à discerner la lumière de Dieu à l'intérieur de cette personne. Forts de cette connaissance, nous comprenons peu à peu que nous sommes tous une seule et même personne. Nous sommes tous faits d'une *étincelle divine*. La créature la plus primitive qui rampe sur le sol est elle aussi formée de cette *étincelle divine.* Même les êtres qui semblent mauvais et méchants sont constitués de cette *étincelle divine.* Les êtres qui font le mal sont peut-être ceux qui s'éloignent le plus de l'essence de Dieu. Dieu est la perfection en toute chose, la créativité en tout ce qui existe. Chacun de nous est parfait ; il nous suffit de chercher notre divinité. Mais nous sommes pour la plupart prisonniers de notre ego, de notre côté humain, de sorte que nous parvenons rarement à approcher de la vérité de notre être.

Où trouver Dieu ? À l'intérieur de vous, c'est là ma réponse. Au cœur même de votre être. Dieu est votre essence. Dieu est la vie même. Je ne crois pas que Dieu soit un personnage qui nous regarde du haut du ciel. Et bien que la grande Lumière divine ait été représentée par plusieurs sous une forme humaine, en chacun de nous brille la même *étincelle divine* qui existait en eux. Dieu est ma lumière, votre lumière et également celle de chaque personne. Elle peut varier d'intensité – certaines lumières brillent davantage que d'autres et certaines, très faiblement.

Deuxièmement, je crois au paradis. Je suis personnellement convaincu que le paradis constitue l'envers de notre monde physique et que ce que l'on y voit et entend s'apparente énormément à notre monde physique, mais en plus vivant, en plus coloré. Le paradis est un endroit où nous pouvons nous promener dans un jardin ou faire de la bicyclette ou du canot. Le fait est que nous pouvons faire ce que nous voulons au paradis à condition de l'avoir mérité. Cependant, plusieurs d'entre nous ont été abreuvés du concept du paradis « chrétien ». Je me suis souvent posé la question : *Où vont les musulmans et les juifs lorsqu'ils meurent ?* Certainement pas au paradis des chrétiens ! Qu'il suffise de dire que chaque religion est dotée d'un paradis et d'un enfer conformes à ses croyances particulières.

Je crois que le paradis comporte de multiples niveaux et que nous nous dirigeons vers le niveau que nous avons créé par nos pensées, nos paroles et nos actions alors que nous vivions sur terre. Ceux d'entre nous qui ont atteint le même niveau de développement spirituel demeureront ensemble dans le même paradis. Les êtres dont la conscience spirituelle est plus développée se trouvent à un niveau supérieur et les âmes moins évoluées, à un niveau inférieur. Il nous est impossible d'accéder à un niveau plus élevé avant de l'avoir mérité. Néanmoins, les êtres qui vivent à des niveaux supérieurs peuvent avoir accès aux sphères inférieures afin d'aider et de prêter secours à ces âmes dont la conscience est moins éveillée. Et où vont donc les méchants ou les mauvais ? Ils vont au paradis ou dans l'enfer qu'ils se sont créé par leurs paroles, leurs pensées et leurs actions. Ils se retrouvent, eux aussi, en compagnie d'autres êtres partageant leur niveau d'évolution spirituelle.

Dans cet ouvrage, j'espère réussir à clarifier ces convictions afin que vous puissiez obtenir tout comme moi des réponses aux questions que vous vous posez sur Dieu et sur le monde spirituel.

2

Le don

Qu'est-ce que l'énergie ? Tout est énergie. Pour en donner une définition sommaire, l'énergie est constituée de molécules qui vibrent ou tournent plus ou moins rapidement. Dans notre univers matériel, les molécules ont une vitesse de rotation très faible. De plus, dans cet univers physique, tout vibre à une vitesse constante. C'est ce qui donne aux corps terrestres une apparence de solidité. Plus la vitesse est faible, plus le corps est dense ou solide : le fauteuil où vous êtes assis, ce livre que vous êtes en train de lire, la maison où vous vivez et, bien entendu, votre corps physique. Au-delà de notre univers tridimensionnel, la vitesse de vibration des molécules augmente considérablement. Par conséquent, dans un environnement aussi subtil que le monde spirituel – la dimension éthérique –, les corps perdent en densité et gagnent en liberté de mouvement.

À l'intérieur de notre corps physique se trouve un autre corps auquel on donne souvent les noms de *corps astral*, *éthérique* ou *spirituel*. Ce corps constitue une copie conforme exacte de notre corps physique, en ce sens qu'il a des yeux, des cheveux, des mains, des jambes, etc. C'est au niveau de la vitesse de vibration des molécules que les corps physique et éthérique diffèrent le plus. Les molécules du corps éthérique vibrent beaucoup plus rapidement que chez son équivalent physique. En règle générale, nous sommes incapables de voir le corps astral, bien que certaines personnes réussissent à le voir par clairvoyance. Au cours de la transition que l'on appelle la mort, le corps éthérique est libéré du corps physique. Le corps éthérique n'est nullement touché par la maladie ou la fatigue jadis associées au corps physique et il a la capacité de se mouvoir d'un endroit à l'autre par le pouvoir de la pensée.

Les multiples facettes de la médiumnité

On donne souvent le nom de *médiums* ou de *sensitifs* à ceux qui parviennent à se régler, soit physiquement ou mentalement, sur la vibration très élevée du corps éthérique après la mort. Comme le mot le suggère, un médium est un intermédiaire ou un médiateur, une personne qui pénètre entre les mondes physique et spirituel. Le médium a la capacité d'utiliser l'énergie afin de traverser le voile ténu qui sépare la vie matérielle et la vie spirituelle. On pourrait envisager la médiumnité de la façon suivante : les êtres humains sont formés du supraconscient, du subconscient et du conscient. Lorsqu'il y a médiumnité, toutes les pensées, impressions et visions sont communiquées par le supraconscient du médium, ou mental de l'âme. Si nous recevons tous constamment des impressions du monde spirituel, le médium, pour sa part, a la faculté de les interpréter. Dans ce cas, le message est transmis au conscient pour être révélé.

Le terme « voyant » sert souvent de mot fourre-tout pour qui œuvre dans le domaine du paranormal. Tout le monde est voyant à un degré ou un autre, mais tous ne sont pas médiums. Le médium n'est pas un diseur de bonne aventure. Autrement dit, les médiums sont des voyants, mais tous les voyants ne sont pas médiums. La divination et la médiumnité recourent aux mêmes mécanismes mentaux, mais la médiumnité ne se résume pas à lire les pensées ou à être devin. À l'instar de la médiumnité, la divination est télépathique. On utilise aussi l'expression « transmission de pensée », une expression synonyme de télépathie. Supposons, par exemple, que vous êtes en compagnie d'un ami et que vous exprimez tout haut ce qu'il est en train de penser. Votre ami réagira peut-être en disant : « Tu es sûrement devin ! » Le voyant est en mesure de « lire » un objet inanimé ou une personne en se réglant sur l'énergie qui émane de l'objet ou de la personne. Il est en mesure d'interpréter les impressions du passé et du futur dans l'aura de l'objet ou de la personne. Il peut aussi recevoir l'énergie de l'objet ou de la personne par ce qu'il voit ou ce qu'il sent. Dans la dimension de l'énergie, le temps n'existe pas, ce qui explique que peu de voyants arrivent à préciser dans quel cadre temporel se situe l'information qu'ils reçoivent.

Par contre, le médium, ou le sensitif, est un individu qui sait sentir ou entendre des pensées, des voix ou des impressions mentales émanant du monde spirituel. Les esprits se servent aussi de la télépathie. Le médium peut s'ouvrir complètement aux fréquences ou énergies supérieures caractéristiques des entités spirituelles. L'esprit mêle ou fusionne sa pensée avec le supraconscient du médium. De là, le message passe dans le conscient et le médium révèle les pensées et les sentiments de l'esprit. La médiumnité va beaucoup plus loin que la voyance simple, puisque le médium s'ouvre à une entité désincarnée. Dans les cas de voyance, l'information n'émane pas d'une âme désincarnée se trouvant sur un plan d'existence de fréquence supérieure. Pour faire parvenir son message, l'âme désincarnée utilisera une part considérable de l'énergie vitale du médium. Le médium travaille directement avec l'âme désincarnée et, pour qu'un échange soit possible, les deux doivent être disposés à prendre part au processus de communication.

Dans le contexte onirique, le concept de la médiumnité devient facile à comprendre. Il nous arrive souvent de rêver à des parents ou des amis décédés. L'impression de réalité est telle que nous serions prêts à jurer que nous étions vraiment avec eux. Nous le ressentons profondément. Cela s'explique par le fait que dans l'état onirique, nous avons vraiment côtoyé les êtres chers disparus dans la dimension spirituelle. Pendant notre sommeil, notre corps astral ou éthérique voyage dans des sphères non terrestres ; nous y rencontrons les êtres chers décédés et nous avons la possibilité d'entrer en communication avec eux.

La médiumnité elle-même se divise en deux grandes catégories, la première et la plus répandue étant la médiumnité mentale. Ainsi que l'indique le mot *mental*, cette forme de médiumnité recourt à des mécanismes mentaux – utilisant la pensée intuitive ou cosmique et non la pensée rationnelle ou logique. Ce type de médiumnité prend plusieurs formes distinctes : clairvoyance, clairaudience, clairsentience et pensée inspirée.

Clairvoyance

Du point de vue étymologique, la clairvoyance est dérivée de « voir clair ». Le clairvoyant utilise l'un de ses sens innés, la vision intérieure, pour voir des objets, des couleurs, des symboles, des personnes, des esprits ou des lieux. Le plus souvent, ces images invisibles à l'œil nu passent comme un éclair dans la pensée du clairvoyant, un peu comme s'il les voyait avec ses yeux physiques. Dans la majorité des cas, les visions devraient avoir un sens pour la personne à qui est accordée la consultation, celle que j'appelle le *consultant*.

Clairaudience

Ce terme signifie « audition claire ». En se servant de son oreille psychique ou « sensibilisée », le clairaudient réussit à entendre des sons, des noms, des voix et de la musique vibrant à des fréquences supérieures. À l'exemple des chiens qui entendent des fréquences non perceptibles par l'homme, les médiums parviennent, eux aussi, à dépasser les limites de l'audible. Le clairaudient apporte au consultant les messages précis qu'il reçoit de cette fréquence vibratoire supérieure. Bien qu'il entende les esprits parler ou murmurer avec les mêmes intonations que ces personnes auraient prises sur la terre, il conserve sa voix personnelle pour relater au consultant tout ce qu'il entend.

Clairsentience

Cette forme de médiumnité mentale est synonyme de « sensation claire ». Le médium doté de ce type de sensibilité est en mesure de détecter la présence d'esprits dans une pièce. En général, il sentira la *personnalité de l'esprit* pénétrer tout son être. C'est par la voie d'émotions et de sentiments intenses, marqués par l'empathie, que le médium livrera au consultant les messages de l'esprit. En plus d'utiliser les facultés mentales du médium, la clairsentience fait également appel à son corps émotionnel.

Pensée inspirée

Celle-ci est également connue sous les noms de discours, d'écriture ou d'art inspirés. Dans cette forme de médiumnité qu'est la pensée inspirée, le médium reçoit des idées, des impressions, des connaissances – de façon totalement imprévue. Elle diffère de la clairsentience, car l'état émotionnel *ne* tient *pas* un rôle majeur, comme c'est le cas lorsque la *personnalité d'un esprit* se manifeste pour délivrer un message. La pensée inspirée est caractérisée par une grande objectivité. Chez celle-ci, ni les émotions intenses ni la personnalité de l'esprit ne sont attachées au message, ces dernières étant associées à la clairsentience. Bien que la pensée inspirée émane de l'esprit, la personne qui la reçoit ne subit pas l'influence d'un esprit particulier.

Dans plusieurs cas, un groupe ou un noyau d'esprits pourront imprimer une pensée inspirée dans l'esprit d'un destinataire terrestre. Ce groupe d'âmes fusionnent leurs pensées et incitent la personne à composer un certain morceau de musique ou à peindre un tableau particulier. Encore une fois, cela ne s'accomplit pas au niveau des émotions, mais plutôt par l'action de la pure inspiration. Plusieurs grands artistes furent médiums ; des peintres comme Michel-Ange, Monet et Renoir ou des musiciens tels que Bach, Mozart et Schubert. D'éminents scientifiques et médecins du passé étaient aussi des médiums qui se servaient de la pensée inspirée. Nous sommes entourés aujourd'hui d'artistes, de musiciens, d'écrivains, d'acteurs et de conférenciers exceptionnels qui ont recours à cette forme mentale d'art médiumnique qu'est la pensée inspirée.

La médiumnité physique diffère de la médiumnité mentale et constitue le second type de médiumnité. La médiumnité physique utilise le corps physique lui-même tandis que la médiumnité mentale n'utilise que les facultés mentales du médium. Le *channeling* est une forme très connue de médiumnité physique.

Il existe une substance, appelée ectoplasme, qui émane de notre corps. *Ectoplasme* est un mot d'origine grecque formé de *ektos*, qui signifie « au-dehors » ou « à l'extérieur », et *plasma*, « chose façonnée ». C'est un professeur de physiologie français, le docteur Charles Richet, qui découvrit l'ectoplasme après avoir observé qu'une substance vaporeuse se dégageait du corps de bon nombre de médiums. L'ectoplasme est invisible ; cependant, il varie en densité. Il peut avoir l'apparence d'un gaz, d'un liquide ou plus communément d'une substance similaire à de la gaze de coton. Incolore et inodore, il aurait un poids de 8,6 grammes par litre, ou moins d'une once en mesure de capacité pour les liquides. Présent chez la majorité des individus, l'ectoplasme est particulièrement abondant chez les médiums. Comme il s'agit d'une substance extrêmement sensible à la lumière, il ne devient visible que dans un environnement peu éclairé. L'ectoplasme peut sortir des oreilles, de la bouche, du nez ou de la région du plexus solaire. Cette matière filandreuse ayant l'aspect de la gaze peut servir à divers usages tels que les suivants.

Boîte vocale

Dans ce type particulier de médiumnité, l'ectoplasme prend la forme d'une boîte vocale artificielle d'où émane la voix d'un esprit. Le son est similaire, ou parfaitement identique, à la voix de la personne alors qu'elle vivait sur terre. J'ai assisté à quatre séances où j'ai été mis en présence de ce phénomène. J'ai eu la chance d'être en séance avec Leslie Flynt, le célèbre médium physique de nationalité anglaise. À l'époque, plusieurs célébrités fréquentaient le cabinet de séances de Leslie. Mae West était l'une des plus assidues et elle tenait elle-même régulièrement des séances. Lors de ma troisième séance avec Leslie, j'ai reçu une communication de ma mère ; elle avait la même voix que sur terre. Elle m'appela par mon surnom, que nous étions tous deux les seuls à connaître. Le moins que l'on puisse dire, c'est que l'expérience fut inoubliable et des plus inspirantes. Malheureusement, cette forme de médiumnité est peu fréquente et je ne connais actuellement qu'un seul autre médium dans le monde qui réussisse à produire un tel phénomène.

Matérialisation

C'est la forme la plus rare de médiumnité physique et aussi la plus spectaculaire. Ceux qui vivent dans l'esprit parviennent à matérialiser n'importe quoi, des bras, des jambes, des visages, des têtes et des torses et jusqu'à des corps entiers totalement fidèles à l'apparence que les défunts avaient sur la terre. La densité de la matérialisation est largement tributaire du degré de développement des facultés du médium. La matérialisation fut pratiquée par plusieurs médiums célèbres à une certaine époque au cours du XXe siècle. Au nombre de ces derniers, mentionnons Jack Webber, Ethel Post-Parrish et Helen Duncan.

Apports

L'apport est un phénomène consistant en la matérialisation de divers objets tels que bijoux, fleurs, pièces de monnaie et autres articles du même genre dans la pièce où se tient la séance. Selon une première croyance, l'objet se dématérialiserait dans un endroit pour se matérialiser dans un autre. Selon une autre croyance, l'objet serait directement fabriqué par le monde spirituel.

Guérison spirituelle

La guérison spirituelle représente une autre forme de médiumnité physique. Le monde spirituel imprègne le corps du médium d'une énergie de guérison. Avec beaucoup d'entraînement, le médium parvient à guérir plusieurs maladies et affections incurables. La guérison spirituelle diffère de la *guérison magnétique* qui fait appel aux forces vitales du médium pour le travail de guérison.

Photographie spirite

Dans cette forme de médiumnité assez courante, des images de défunts ou de spectres apparaissent sur les photographies. On distingue aussi parfois des taches blanchâtres, des « lumières » ou des « jets lumineux » sur les photos.

Je suis un médium de type mental qui utilise des facultés de clairvoyance et de clairsentience. J'ai l'habitude de dire aux personnes qui viennent me consulter que je suis tout bonnement en ligne avec le monde spirituel. De même que nous captons tous des pensées quotidiennement, je suis en mesure de percevoir les fréquences mentales que les esprits créent et dirigent vers ma conscience. Pour m'harmoniser aux pensées et aux sentiments d'un esprit particulier, je dois élever mes vibrations et l'esprit doit à son tour baisser quelque peu les siennes. Cela s'avère parfois très difficile. En général, je n'entends pas les phrases au complet comme je suis en mesure de le faire lorsque je converse normalement avec les êtres humains. Quand un esprit dit: « Bonjour, comment allez-vous aujourd'hui ? », il se peut que j'entende: « Jour, lez-vous d'hui. »

Lorsque je suis en séance avec un client, il est important que l'énergie de la pièce soit compatible avec le client et moi. Je préfère tenir mes séances dans ma demeure, dans un environnement équilibré, calme, paisible et agréable. Quand un consultant pénètre dans la pièce, je peux dire immédiatement s'il est nerveux, en colère, craintif, effrayé, réceptif ou fermé. En d'autres termes, j'arrive à sentir l'énergie qui entoure le consultant. Si c'est nécessaire, je prévois une courte période de méditation afin que la personne puisse se détendre. Après la méditation, quand elle se sent plus à l'aise, je lui explique ma façon de travailler et ce à quoi elle doit s'attendre. Les clients sont autorisés à enregistrer leurs séances avec moi.

La communication avec les esprits

Lorsque je sens changer les énergies subtiles autour de moi, je me détends et j'ouvre mon esprit pour accueillir les pensées de ceux qui tentent de communiquer avec moi. Je répète exactement ce qui m'est donné au consultant, sans penser ou sans chercher à interpréter les mots. Même si, parfois, la pensée me semble incompréhensible, il est plus que probable que le consultant la comprendra. Bien que je ne tente pas d'analyser ce que j'entends, il m'arrive de le faire. Toutefois, je dois constamment me répéter que ce qui peut m'apparaître insignifiant revêt peut-être une importance considérable pour le consultant.

De plus, comme je possède la faculté de clairsentience, je suis en mesure de connaître les circonstances qui ont entouré la mort de l'individu qui prend contact avec moi. En revenant dans l'atmosphère terrestre, l'esprit capte les souvenirs associés à son dernier séjour sur le plan physique. Dans presque tous les cas, ce sont les circonstances de la mort physique qui ont laissé le souvenir le plus net. Ainsi, si une personne a été emportée par une crise cardiaque, il est possible que cette présence spirituelle me soit signifiée par un douloureux serrement dans la poitrine. Si la mort d'un individu a été causée par le cancer ou le sida, je ressentirai peut-être une grande lassitude physique. S'il s'agit d'une mort subite, par exemple, un meurtre, il peut arriver que tout mon corps soit secoué par un grand frisson. Si quelqu'un est mort par suicide, les impressions que je reçois sont fonction de la méthode d'autodestruction. En d'autres termes, si quelqu'un est mort à la suite d'une ingestion massive de médicaments, il est possible que j'aie des lourdeurs d'estomac ainsi qu'une soudaine envie de m'assoupir. Si une personne s'est tuée d'un coup de fusil, je pourrai ressentir une douleur aiguë dans la région où la balle a pénétré. Mes impressions sont avant tout de nature émotionnelle. Par conséquent, si un esprit est triste et qu'il pleure, il est possible que je me sente déprimé et que je me mette à pleurer. S'il s'amuse et qu'il rit, je me mettrai à rire aussi.

Dans presque tous les cas, je capte la personnalité de l'esprit en même temps que la pensée-émotion qui m'est adressée. Par exemple, si un esprit avait un tempérament autoritaire sur la terre, ma voix prendra peut-être un ton tranchant. S'il avait une personnalité mordante, ce trait de caractère pourra se refléter dans mes paroles. S'il s'agissait d'un individu peu émotif, complètement fermé aux sentiments et peu démonstratif, cela me demande un effort beaucoup plus grand, en tant que médium, pour définir quelque chose sur le plan émotionnel.

En général, les esprits transmettent des messages facilement compréhensibles par le consultant. Au début de la communication, l'esprit révélera son nom, ou bien l'endroit où il a vécu, ou encore un fait mineur qui fournira au consultant une preuve de la présence de l'être cher. Souvent, les esprits fourniront des renseignements sans grande importance, que le consultant est le seul à connaître. La grand-mère d'une consultante pourrait dire, par exemple, qu'elle aime beaucoup le motif floral de son couvre-lit. Ou elle pourrait parler des objets que la consultante a retirés de leur boîte pour les placer sur le deuxième rayon de sa bibliothèque. Plusieurs personnes me demandent pourquoi les esprits disent de pareilles banalités alors qu'ils peuvent parler d'un plan d'existence totalement nouveau. La réponse est claire : ces révélations toutes simples confirment que l'esprit existe bien et qu'il est en communication avec le consultant.

De plus, si un esprit a pratiqué un passe-temps ou une activité en particulier au cours de son existence terrestre, il est plus que probable qu'il révélera cet intérêt au cours de la consultation. Par exemple, le défunt mari de l'une de mes clientes lui a dit de vérifier que la mangeoire jaune pour les oiseaux, accrochée à leur arbre dans le jardin, soit bien remplie. « Mon Dieu, fit-elle, c'est lui. Tous les matins, il sortait remplir la mangeoire. Je n'arrive pas à le croire. Il a raison. J'ai eu une semaine complètement folle et j'ai oublié de mettre des graines à l'intérieur. » Cette pensée aurait semblé des plus banales pour toute autre personne, mais elle confirmait à la consultante qu'elle parlait bien à son époux. Se nommer est une chose, mais ce sont les petits détails qui contribuent à démontrer l'authenticité de la communication entre l'esprit et le consultant. Ils fournissent la preuve assurée que l'esprit est bien la personne qu'il prétend être.

Il faut bien comprendre que passer à l'autre dimension de l'existence ne signifie pas se voir révéler tous les secrets de l'univers. Au moment de la mort, seul le corps physique est abandonné, un peu comme on enlèverait un vieux manteau. En fait, la personnalité demeure identique à elle-même, conservant ses goûts, ses aversions, ses préjugés, ses talents et ses attitudes. Avec le temps, un esprit peut accéder à un niveau spirituel supérieur et peut-être progresser sur le plan de la connaissance spirituelle, mais en cette matière aussi, la décision appartient à l'individu. Nous devons également comprendre que les connaissances d'un esprit dépassent légèrement notre entendement physique.

Non-ingérence des esprits dans le karma d'autrui

Plusieurs clients s'adressent à moi afin de se renseigner sur des questions liées à l'argent, l'amour ou la carrière. Je leur dis habituellement qu'ils risquent d'être déçus. Ce sont des informations que les esprits peuvent ou ne peuvent peut-être pas donner. Cela dépend si l'esprit connaît la réponse et également s'il lui est permis de faire ces révélations. Lorsqu'une âme vient sur terre pour tirer certaines leçons ou pour son évolution spirituelle, la dernière chose dont elle a besoin, c'est qu'un être spirituel lui donne la solution d'un problème qui pouvait constituer une forme de test. Nous ne devons pas ignorer qu'il existe des lois spirituelles et qu'un être spirituel ne peut s'ingérer dans l'évolution spirituelle ou karmique d'autrui ou encore tenter de l'influencer. Il est donc possible que certaines informations puissent être cachées ou dissimulées au consultant. Les habitants du monde spirituel nous aiment trop pour faire obstacle à notre évolution.

Permettez-moi d'éclairer ce que j'entends par leçons spirituelles, à l'aide de ce qui suit.

Une certaine Marcie m'a rendu visite un jour et sa première question était de savoir si elle allait ou non avoir un bébé. Son grand-père est entré en communication avec moi pour lui dire :

« Tu vas d'abord changer de résidence en déménageant dans un endroit qui surplombe une étendue d'eau et ensuite tu auras un petit garçon. Pas avant ! »

Marcie répondit : « Mais je suis dans la quarantaine. Qu'est-ce que je vais faire ? »

« C'est Dieu et non toi qui décideras du moment. »

Marcie obtint certains renseignements supplémentaires sur sa famille et sur le déménagement. D'après ce qui avait été dit, tout allait arriver au moment opportun. Dix-huit mois plus tard, Marcie me rendit de nouveau visite pour m'annoncer qu'elle venait de déménager dans une maison qui dominait l'océan Pacifique et qu'elle était enceinte de trois mois.

Le cas de Nancy offre un autre exemple. La jeune femme venait de demander le divorce. Sa mère est entrée en contact avec moi et elle lui a dit qu'elle quitterait son époux, mais qu'elle se remarierait – avec un partenaire beaucoup plus compatible, cette fois.

Nancy demanda : « Où vais-je rencontrer cet homme et comment sera-t-il ? »

« Ce ne serait pas une bonne chose pour toi si je te le disais, mais sache que c'est la vérité. »

La mère ne pouvait donner une réponse à ces questions importantes parce que la jeune femme devait vivre ces choses elle-même et prendre les décisions qui constitueraient un véritable défi pour elle-même, des décisions qui allaient peut-être l'aider à développer sa force et son pouvoir personnels.

Le succès de la communication est assuré si l'esprit et le consultant désirent tous deux ardemment ce contact. Nous avons tous la possibilité de communiquer avec nos bien-aimés disparus. Il suffit pour nous d'avoir l'esprit ouvert et de ressentir mutuellement l'amour et l'énergie. Lorsque ces conditions sont remplies, de merveilleuses découvertes deviennent accessibles.

Les dixième et onzième chapitres renferment des explications pour nous préparer à nous ouvrir à la médiumnité et proposent des exercices variés permettant de nous harmoniser aux mondes supérieurs.

3

Les guides spirituels

L'humanité a toujours cru en l'existence d'êtres supérieurs ou d'anges. Bien que relevant de la mythologie, l'idée d'un être veillant sur nous est une croyance qui recueille une très large adhésion. Les textes religieux enseignent que l'ange est une entité d'un niveau spirituel supérieur, existant dans une dimension céleste et ayant pour mission de nous protéger contre les dangers ou les malheurs qui nous menacent. Nous avons pour la plupart été mis en contact pour la première fois avec le concept de l'ange dans notre enfance, lorsqu'on nous a enseigné que nous avions tous notre propre ange gardien.

Le concept de l'ange gardien reste l'un des rares symboles que les religions établies n'ont pas éliminés. Car s'il est vrai que des anges gardiens ou des guides intercèdent pour nous et nous viennent en aide dans l'accomplissement de notre mission terrestre, ces derniers ne sont pas tels qu'on les décrit souvent. En d'autres termes, nos guides ou nos anges *ne* possèdent *pas* d'ailes et ne jouent pas non plus de la harpe assis sur un nuage. En les représentant dans leurs tableaux, les peintres ont enjolivé ces images puisées dans la mythologie. Ces ailes correspondent, dirions-nous, à l'*aura* ou au champ énergétique de l'ange, que l'on retrouve autour de chaque être vivant, des plantes, animaux et arbres à nous-mêmes et à notre précieuse Terre.

Un guide spirituel différent pour chaque personne

Il existe plusieurs sortes de guides et, selon moi, le guide et l'ange gardien sont une seule et même personne. Avant notre naissance, nous traçons l'itinéraire de notre chemin de vie. Quand nous dévions de notre route, généralement un guide nous aide à revenir sur la bonne voie. Selon notre degré d'évolution spirituelle et le travail qui reste à accomplir sur terre, nous attirons à nous différents auxiliaires appartenant à trois catégories distinctes.

Le premier groupe est formé des *guides personnels*. Ceux-ci sont des personnes que nous avons connues au cours d'incarnations précédentes, ou dans l'intervalle entre deux incarnations, et avec lesquelles nous avons des affinités. Ces guides apportent leur aide depuis les mondes spirituels en imprimant dans notre esprit différentes pistes qui nous amèneront à vivre certaines situations. Ces impressions sont des signaux en provenance de nos guides spirituels. La plupart du temps, ces indications subtiles passent inaperçues. Mais si nous prenons le temps de nous arrêter, d'écouter et de réfléchir à ce que nous vivons au cours de la journée, peut-être commencerons-nous à voir et à entendre les messages des esprits.

La plupart des gens ont de la difficulté à reconnaître l'aide émanant des mondes spirituels parce qu'ils veulent ou espèrent recevoir des directives parfaitement claires, comme si la trompette de Gabriel allait résonner pour eux. Je suis désolé, mais il n'en va pas ainsi. Les messages et les indications sont communiqués avec subtilité et discrétion.

Voici un exemple qui illustre de façon générale le processus de la communication spirituelle. C'est jeudi et vous avez un rendez-vous avec un associé potentiel portant sur une proposition d'affaires. En y allant, vous perdez l'adresse ou vous vous égarez en essayant de trouver le lieu du rendez-vous. Cela vous semble bizarre, car vous connaissez très bien ce secteur de la ville. Après avoir tourné en rond pendant une demi-heure, vous repérez l'immeuble, mais ne trouvez pas à vous garer. Vous réussissez à trouver une place à plusieurs rues de là et, à votre arrivée, vous trouvez la porte de l'immeuble verrouillée. Vous cherchez donc une autre entrée. Un gardien vous ouvre la porte et vous prenez l'ascenseur jusqu'à l'étage indiqué, pour constater, à votre sortie de l'ascenseur, que le bureau est fermé à clef. Une note collée sur la porte vous invite à vous rendre à un autre bureau à un étage différent. Vous finissez par trouver ce bureau et vous rencontrez votre éventuel associé. Pendant toute la conversation, alors que vous écoutez la proposition, vous éprouvez comme un serrement au creux de l'estomac. Vous sentez quelque chose, sans pouvoir préciser de quoi il s'agit. Vous décidez malgré tout de vous lancer en affaires. Quelques mois plus tard, après que vous avez investi les économies de toute une vie dans l'entreprise, votre nouvel associé s'enfuit de la ville avec tout votre argent, sans laisser la moindre trace de ce qui se révèle une arnaque, une société bidon.

Je constate que j'ai poussé le scénario à l'extrême en voulant faire ressortir comment opère l'aide spirituelle. Certains éléments peuvent être dégagés de ce récit : nombreux contretemps, directions erronées et portes fermées. Si vous aviez pris le temps de remarquer ces signaux, vous auriez compris que *quelqu'un tentait de vous dire quelque chose !* Vos guides spirituels essayaient de vous mettre en garde !

Malheureusement, nous sommes trop nombreux à traverser la vie à tâtons et nous avons souvent besoin d'un coup de massue sur la tête avant de prendre conscience de ce qui se passe autour de nous.

Envisagée du côté positif, la communication spirituelle pourrait prendre la forme suivante : vous êtes à la recherche d'un emploi depuis un certain temps mais sans succès. Une amie dont vous n'avez pas eu de nouvelles depuis longtemps vous téléphone pour vous inviter à déjeuner. En vérifiant votre agenda, vous constatez que votre seule journée disponible correspond au jour qu'elle vous propose. Lors de votre rencontre, vous avez l'impression de vous être laissées la veille. Vous avez le sentiment que tout est parfait. Vous lui parlez de la situation difficile que vous vivez et elle répond qu'elle ouvrira l'œil pour vous. Le lendemain, votre amie vous téléphone pour vous annoncer qu'il y a depuis peu un poste vacant dans un service voisin du sien. Vous téléphonez immédiatement pour demander un entretien, en donnant le nom de votre amie en référence. On vous convoque sans difficulté pour le lendemain. Vous arrivez bien avant l'heure du rendez-vous. Lors de l'entrevue, le chef de service, qui se trouve habituellement à l'extérieur de la ville, est disponible pour vous faire passer l'entretien sur place. Elle fait votre connaissance, semble vous apprécier, et vous obtenez le poste.

Saisissez-vous la différence ? Dans le second exemple, tout s'enchaîne favorablement. Je ne crois pas au hasard ni aux coïncidences. Nos esprits guides nous attirent ce que nous avons mérité. La personne en quête d'un emploi a agi en accord avec les signaux spirituels. Elle était libre de ne pas rencontrer son amie, mais elle a choisi de le faire. Ses guides parlaient et elle eut la sagesse d'écouter. Ensuite, les choses s'arrangèrent d'elles-mêmes.

Pendant mes consultations, je reçois souvent de précieux messages de ce genre. Je me rappelle avoir dit un jour à un consultant qu'il venait d'acheter une maison, ce à quoi il répondit : « Oui. » Je lui indiquai que la maison semblait parfaite en tout point et lui demandai s'il se rappelait qu'il avait eu cette maison d'une façon assez inhabituelle. « Ou bien quelqu'un a perdu les fonds qu'il avait mis en dépôt ou le prêteur a fait des miracles pour vous aider. » Il acquiesça de nouveau : « Oui. C'est exactement ce qui s'est passé. » Je lui ai dit que sa défunte épouse l'avait aidé à obtenir la maison en lui donnant des indications en cours de route. « Tout sembla si simple », fit-il. Il n'avait eu en effet qu'à suivre les indices, même s'il ne les remarquait pas consciemment.

L'un des premiers voyants que j'ai rencontré à Los Angeles m'a dit quelque chose de très profond que je souhaite partager avec vous : *Si tout va bien, si tout semble facile, c'est que vous êtes ouvert à l'esprit et que vous suivez vos inspirations. Si, au contraire, tout va de travers, vous n'êtes pas à l'écoute des guides et vous ferez fausse route.* Rien n'est plus vrai.

Le guide personnel peut aussi être une personne que vous avez connue au cours de la présente existence. Par exemple, il peut s'agir d'une mère ou d'un père, des grands-parents, d'une tante ou d'un oncle, ou d'un ami qui sont passés dans l'au-delà. Quand une personne meurt, elle continue de penser à vous. Le lien d'amour tissé sur terre survit dans le monde spirituel.

Une fois au paradis, il est possible que l'âme passe sa vie en revue et qu'elle se rende compte qu'elle aurait pu faire davantage pour vous aider lorsqu'elle était sur terre. Maintenant que l'occasion lui est donnée de le faire, elle peut en profiter pleinement et nous apporter son soutien de toutes les façons possible. Cette aide pourrait s'exprimer au quotidien ou dans les questions familiales, ou nous accompagner à travers les épreuves ou les changements.

Nos guides personnels tentent peut-être énergiquement de nous guider dans notre vie quotidienne et d'imprimer dans notre esprit les meilleurs remèdes à certaines situations. Cependant, nos êtres chers ne peuvent agir – et ils évitent de le faire – chaque fois qu'il s'agit de leçons ou de défis que nous nous sommes créés sur terre pour apprendre et grandir. Cet apprentissage ne s'avère jamais facile et, pour que nous puissions tirer profit au maximum d'une situation particulière ou d'une leçon de l'existence, bien souvent ces guides nous regardent prendre nos décisions sans intervenir. Même si la vie nous semble parfois insupportable, ces moments ont beaucoup à nous apprendre.

Plusieurs veulent savoir si nos guides nous accompagnent constamment ou si nous devons les appeler et leur demander de venir à nous. Ma réponse est la suivante : nous ne sommes jamais seuls. Nos guides nous accompagnent constamment. Ils ont pour mission spirituelle de nous protéger et de nous aider. Ils peuvent changer de temps à autre selon la tâche à laquelle nous nous consacrons. Toutefois, il n'est jamais nécessaire de les appeler, car ils connaissent nos besoins et sont toujours prêts à nous porter secours.

La seconde catégorie de guides est constituée d'*experts* ou d'*instructeurs spécialisés*. Ces esprits sont attirés vers nous en raison des activités ou des travaux auxquels nous nous adonnons. Les guides instructeurs ont une expertise dans un domaine que nous cherchons à approfondir. D'habitude, ce sont des experts dans leur sphère particulière de connaissance. Par exemple, si vous décidez d'écrire un roman fantastique, par vos pensées, vous attirerez un auteur qui a pratiqué ce genre particulier d'écriture romanesque. Ce guide pourra imprimer dans votre esprit certaines méthodes afin de développer vos talents d'écrivain et de mieux formuler vos idées. Cela vaut aussi pour les musiciens, artistes, mathématiciens, scientifiques, travailleurs sociaux et autres. Des guides particuliers sont attirés vers nous ou ils viendront à nous si nous demandons leur aide. Plus vous serez à l'écoute de vos intuitions et impressions, plus la transmission et le résultat final seront fructueux. C'est vrai pour tout le monde. C'est une simple question de réceptivité. Toutes les œuvres, en particulier celles des grands maîtres, sont inspirées par le monde spirituel.

Pourquoi ces guides désirent-ils nous apporter leur aide ? La réponse est simple : ainsi est la voie. Lorsque nous passons dans le monde spirituel, nous devenons profondément conscients que nous ne faisons qu'un. Nous désirons aider l'humanité à grandir, à apprendre, à mettre en commun des idées, à s'améliorer. En imprimant leurs pensées dans l'esprit des humains et en leur apportant leur aide, les guides spirituels favorisent l'harmonisation du genre humain avec la force spirituelle présente en toute chose. Encore une fois, suivant votre degré de réceptivité, les inspirations en provenance du monde spirituel se révéleront exceptionnelles, grandioses, ou elles attendront patiemment qu'on leur prête attention.

La troisième catégorie d'aides regroupe nos *maîtres* ou *mentors* spirituels. Ce sont des individus très avancés sur le plan spirituel, ou des esprits qui n'ont jamais vécu dans le monde physique. Ils peuvent aussi avoir été engagés dans une forme de travail spirituel durant plusieurs existences. Comme c'est le cas pour nos autres guides, le degré de notre évolution et de notre compréhension spirituelles contribue à attirer ces guides vers nous. Les mentors spirituels désirent ardemment faciliter notre progression sur le plan spirituel. Souvent, ils s'emploient à imprimer dans notre esprit des potentialités et des dons de nature spirituelle. Ces impulsions spirituelles sont inestimables pour celui qui recherche l'illumination.

Au fil des existences, pendant toute la durée de notre évolution, nous bénéficions du soutien indéfectible de un ou deux maîtres. Unis avec notre moi spirituel par des affinités profondes, ces êtres nous aideront à évoluer spirituellement tout au long de notre séjour dans la dimension physique, de même qu'ils nous prêteront assistance dans les intervalles entre nos vies terrestres. En outre, au cours d'une existence particulière, certains guides personnels auront peut-être pour mission de nous aider à dégager certaines leçons importantes ou à améliorer certains aspects imparfaits de notre personnalité. Par exemple, un guide particulier pourrait nous apporter son aide afin que nous fassions l'apprentissage de l'amour inconditionnel. Ou un maître spirituel pourrait nous aider à tirer certaines leçons se rapportant à l'égoïsme. L'adage se révèle exact : « Lorsque l'élève est prêt, le maître apparaît »...

La prise de contact avec mes guides

J'ai pris conscience de l'existence de mes guides et mes maîtres personnels dans diverses circonstances. Une voyante très douée, connue en Angleterre sous le nom d'Irene Martin-Giles, m'a appris qu'une religieuse appartenant à l'ordre des Sœurs de la Miséricorde m'apportait son appui dans l'apprentissage de la compassion. Elle s'appelle sœur Thérèse. La voyante me décrivit toute la personne de sœur Thérèse jusqu'au bleu lumineux de ses yeux. Cette révélation me stupéfia. Comme je l'ai mentionné au début de ce livre, j'ai fréquenté pendant huit ans une école catholique dirigée par la congrégation des Sœurs de la Miséricorde.

Irene ajouta que j'avais pour maître spirituel un Chinois nommé Chang. Chang était intervenu plusieurs fois afin de faciliter la transmission des messages à mes clients. Pour terminer, Irene se mit à dessiner l'esprit qu'elle voyait dans sa pensée. En regardant le visage bienveillant de maître Chang, je ressentis un élan d'affection pour lui. Il était coiffé d'un petit bonnet, de couleur orange orné d'une bordure bleue, un genre de calotte très répandue en Chine vers les années 1900. Chang était drapé dans une longue tunique bleu de cobalt rehaussée d'un col officier orange et de parements assortis. Ses mains jointes disparaissaient dans ses manches. Dans son visage long et mince, ses yeux bruns inspiraient la sagesse et la douceur. Il portait la natte chinoise traditionnelle de l'époque. L'austérité de son crâne dénudé était atténuée par une longue barbe à l'impériale. Au milieu de son vêtement, près du chakra du cœur, une étoile dorée à dix branches représentait la sagesse spirituelle. Au centre de l'étoile, une pierre verte représentait l'amour inconditionnel. Autour de lui, la lumière d'or associée au niveau spirituel le plus élevé témoignait que Chang était un maître spirituel.

Il ne m'a pas été donné de connaître sa plus récente incarnation terrestre ni de savoir s'il avait même déjà vécu sur terre. Il arrive souvent que le guide porte les vêtements de son époque préférée ou de l'époque correspondant à une qualité dominante à laquelle il ou elle s'identifie. En regardant le dessin, je pouvais affirmer que Chang était une âme qui avait maintes fois touché à l'expérience humaine. C'était véritablement un maître spirituel.

J'ai fait la connaissance de deux autres de mes guides d'une façon plutôt originale. Comme je n'étais alors qu'un apprenti, il était important que je développe mes capacités médiumniques de façon suivie. C'est pourquoi je tenais une séance une fois par semaine, dans une pièce peu éclairée, en compagnie de six personnes de mon choix. En fait, c'est une pratique très répandue chez les médiums qui désirent développer pleinement leurs facultés extrasensorielles. À notre quatrième semaine d'expérimentation, je commençai à ressentir une extrême fatigue et j'entrai légèrement en transe. Dans cet état, le conscient se tait, toute pensée et toute conscience de notre corps s'évanouissent. Cet état est plus courant qu'on ne le croit. Ainsi, plusieurs d'entre nous sont dans cet état second lorsqu'ils s'absorbent dans une émission de télévision ou dans une lecture prenante, ou plus naturellement, nous entrons dans cet état de conscience avant de nous endormir.

En émergeant de cette transe, une demi-heure plus tard, j'ai demandé : « Que s'est-il passé ? » Avec beaucoup d'enthousiasme, le groupe me fit part des résultats inespérés de la séance. « Un médecin anglais qui dit s'appeler Harry Aldrich s'est manifesté à travers toi », a dit quelqu'un. Ils ajoutèrent que Harry Aldrich était un médecin qui avait vécu dans le secteur nord-ouest de la ville de Londres. Apparemment, il était décédé au début des années 1930. Un membre du groupe avait procédé à l'enregistrement de la séance. En écoutant la cassette, j'avais peine à reconnaître ma voix. J'entendais une voix au ton grave et décidé, s'exprimant avec un accent anglais prononcé. Il semblait un peu tranchant, mais les conseils qu'il donna à propos de ma santé et de mes prochaines rencontres avec le groupe se révélèrent fondés. Il affirma avoir choisi de revenir à ce moment-ci pour me seconder dans mon travail de médium.

Ce guide m'apporte son aide de diverses façons, et notamment en intensifiant l'énergie autour de mon corps physique pendant les séances. Il est également en mesure de déterminer la nature des maux physiques dont mes clients peuvent souffrir. Même si Harry Aldrich est un homme bon, je ressens néanmoins la rigidité de sa personnalité lorsqu'il se manifeste.

Quelques semaines plus tard, alors que nous étions de nouveau assis en cercle, je suis entré en transe. Il se produisit encore une fois un phénomène incroyable. Lorsque je suis revenu à moi, mon épouse s'exclama : « Tu ne croiras jamais ce qui est arrivé ! »

« Quoi donc ? » ai-je répondu.

« Un homme portant le nom de Plume d'or s'est manifesté », dit-elle.

« Il s'agit d'un Amérindien », répondis-je.

« Plus précisément un Amérindien de l'Amérique du Nord », ajouta-t-elle.

L'un des membres du groupe rembobina la cassette, puis la passa. Je n'en croyais pas mes oreilles... J'entendais battre un tambour.

« D'où sort ce tambour ? » demandai-je.

« Ce n'est pas un tambour. C'est la table juste devant nous », me répondit-on.

Plus tôt au cours de la soirée, nous avions disposé une table au centre de la pièce. Je la regardai, assez étonné que le son particulier du tam-tam amérindien soit provenu de cette table même. Tandis que je continuais d'écouter le battement du tambour, s'éleva soudain la voix forte d'un Amérindien chantant dans sa langue maternelle. C'était un chant magnifique et envoûtant. Au bout de cinq minutes, il s'interrompit brusquement. À cet instant précis, l'Amérindien prit la parole : « Nous sommes tous frères. Vous et moi sommes des frères. Nous venons à vous et vous apportons l'amour. Tout est amour. Vous devez voir l'amour en toute chose. On m'appelle Plume d'or. Je suis de la fraternité. Nous ne vous quittons jamais. Nous vous apportons l'amour. En signe de notre amour, nous offrons à chacun une plume de notre parure. »

Je suis resté assis, abasourdi. C'était tellement réel et pourtant, j'étais incapable de me rappeler le moindre détail. C'était un moment unique, je le savais. J'étais ravi qu'il ait été enregistré sur cassette et que d'autres personnes en aient été témoins. Depuis, notre groupe tient une séance tous les mardis soir. De temps à autre, Plume d'or se manifeste et parle à travers moi de l'amour et du surnaturel.

En fait, ces expériences me font prendre conscience que je ne travaille pas en solitaire. Je sais que ces êtres spirituels invisibles travaillent pour nous à notre insu et s'emploient à susciter des changements dans notre vie. En m'apportant leur soutien, mes guides viennent en aide à toutes les personnes avec lesquelles j'entre en rapport.

Comment découvrir vos propres guides spirituels

Personnellement, je ne m'étais jamais soucié de mes guides avant que ceux-ci m'apparaissent ou me soient décrits par d'autres médiums. À mon avis, il n'est pas nécessaire de savoir qui sont vos guides. Toutefois, certains éprouvent le besoin de connaître l'identité de leur interlocuteur et cherchent à rationaliser la présence à leurs côtés d'un esprit qui les guide. Non satisfaits de savoir qu'ils ont des maîtres, ils veulent personnaliser cette relation. C'est très compréhensible. Il existe plusieurs méthodes pour venir en aide à ceux qui désirent connaître leurs maîtres.

La méditation constitue la première étape. (Le chapitre onze renferme des explications sur la façon de méditer.) Entrez en méditation avec l'intention de rencontrer l'un de vos guides spirituels. Lorsque vous vous sentez suffisamment détendu, demandez mentalement à votre maître ou à vos maîtres de vous apparaître en pensée. Si vous n'êtes ni trop tendu ni trop impatient, un visage ou peut-être un vêtement affleureront à votre conscience. Ainsi, vous pourriez distinguer une plume et savoir que celle-ci appartient à un Amérindien. Vous souhaiterez peut-être alors en voir davantage et demanderez au guide de vous révéler son identité. Lorsque vous aurez vu l'un de vos guides de façon satisfaisante, il est possible que vous souhaitiez faire la connaissance d'un autre guide. Ou vous souhaiterez peut-être demander au premier de vous indiquer quelles leçons vous êtes venu apprendre sur terre. Avant de conclure votre méditation, remerciez votre (vos) guide(s). Je vous suggère d'entreprendre la rédaction d'un journal consacré à vos guides ainsi qu'à toutes leurs révélations, en particulier celles qui ont trait à la nature de leur mission.

Le premier exercice devrait donner des résultats équivalents à la profondeur de la méditation ou de la détente. Si vous avez de la difficulté à percevoir ou à voir vos maîtres, voici une méthode pour obtenir cette information. Étendu sur votre lit, avant de dormir, demandez à votre maître ou à vos maîtres de se révéler à vous par un rêve. Répétez mentalement votre requête comme s'il s'agissait d'un mantra. Pendant votre sommeil, vous devriez rêver de votre maître ou de vos maîtres. Armez-vous de patience, car il sera peut-être nécessaire de répéter votre demande chaque soir pendant un certain temps avant d'avoir des résultats.

DEUXIÈME PARTIE

Les séances

4

Transitions tragiques

Lorsque des consultants pénètrent dans mon bureau, leur situation personnelle ou la raison de leur visite me sont totalement inconnues. J'ignore également quels événements ils ont vécus ou quelle personne ils souhaitent contacter. Pourtant, moins d'une heure plus tard, ils auront partagé avec moi certains de leurs secrets les plus intimes. En entrant en communication avec les êtres qu'ils ont aimés, leur peine, leur douleur ainsi que leurs désirs les plus chers sont mis à nu. Cette communication est souvent l'occasion de révélations spectaculaires. La découverte que leurs êtres chers vivent toujours et sont quotidiennement en communion avec eux rallume une étincelle de vie. Comme s'ils émergeaient du brouillard, la voie se dégage devant ceux qui sont restés sur terre. Ils sentent obscurément que la vie est de nouveau possible.

L'avion

Quand ils se présentent à leur séance, plusieurs de mes clients sont extrêmement nerveux ou angoissés. Attristés par la perte d'un être cher, ils ne savent à quoi s'attendre et ont un peu peur de l'inconnu. Ces fortes vibrations émotionnelles peuvent venir troubler la communication, tout comme un séchoir ou un aspirateur électriques font de l'interférence dans un téléviseur.

Pour réduire ces vibrations et pour favoriser la synchronisation des énergies à l'intérieur de la pièce, je débute souvent la séance en accompagnant mes consultants dans une méditation incluant un exercice de relaxation. En plus de les calmer, cela m'aide à entrer en communication avec le monde spirituel.

À l'issue de notre méditation, Marilyn était manifestement plus calme. L'impression d'angoisse qu'elle m'avait donnée à son entrée dans mon bureau avait fait place à un état de calme réceptivité. Je l'ai accueillie dans la pièce où je tiens mes séances en m'efforçant de la mettre aussi à l'aise que possible. Je lui ai expliqué ce qui l'attendait aussi brièvement que je le pouvais. Presque aussitôt, j'ai senti une présence masculine, debout, à gauche de Marilyn.

« Le nom de Roger vous est-il familier ? »

Elle répondit que c'était le nom de son mari.

« Je vois qu'il a des cheveux blonds tirant sur le roux. Il les peigne constamment. » Quand je fis mine de me peigner, j'ai vu ses yeux s'embuer.

« Oh oui, il n'arrêtait pas de les placer. »

« Il me montre la cabine de pilotage d'un avion. Les cadrans et les indicateurs du tableau de bord ne fonctionnent plus. J'aperçois de la fumée et des flammes, puis c'est le noir total. Est-ce que cela vous dit quelque chose ? »

Marilyn prit un mouchoir pour éponger ses yeux et elle se mit à trembler.

« Roger est mort dans un accident d'avion, il y a un an en pleine nuit. C'est à lui que je souhaitais parler. »

« Il me demande de vous dire qu'il vous aime énormément et qu'il attendait de vous parler. Il veut vous souhaiter un joyeux anniversaire. »

« C'était notre anniversaire la semaine dernière. Mon Dieu ! »

« Il y a quelqu'un près de lui que vous connaissez. »

Marilyn était incapable de dire un mot.

« C'est un petit garçon. Il dit s'appeler Tommy. Le connaissez-vous ? »

En proie à une vive émotion, Marilyn cria presque de toutes ses forces : « Oui, oh oui ! Tommy est mon fils. Il était dans l'avion avec Roger. C'est comme ça que tout a commencé. Tommy voulait prendre l'avion avec son papa ! »

« Il dit : "N'aie pas peur, maman. Je suis ici avec papa !" Il vous demande d'enlever le poster de *Star Wars* dans sa chambre. Il n'en a plus besoin. »

Marilyn secoua la tête, n'arrivant pas à le croire. « Ce poster est accroché au-dessus de son lit. »

« Il parle aussi de Bobby. Il a un message pour lui. »

« Bobby est mon autre fils », expliqua Marilyn.

« Tommy dit qu'il n'est pas vraiment en colère contre Bobby, même s'il a pris sa chemise rouge dans son deuxième tiroir et qu'il la porte. »

Marilyn était sidérée. Elle resta de nouveau sans voix. Je lui demandai si elle savait ce que cela signifiait.

« Bobby porte la chemise rouge aujourd'hui. Il l'a mise juste avant mon départ. »

Marilyn était convaincue qu'elle était en communication avec son mari et son fils. Roger continua de fournir des renseignements, mentionnant le nom de son meilleur ami, lorsqu'il faisait partie de l'armée de l'air, de l'endroit où il était stationné, et décrivant les fonctions qu'il assumait pendant son service.

Il se peut que nous soyons anéantis par la perte soudaine d'un membre de notre famille. La douleur est d'autant plus dévastatrice lorsque nous perdons un enfant ou un époux par mort violente. Souvent, cette blessure a du mal à se cicatriser. À la fin de la séance, Marilyn se sentait soulagée. Quand je la raccompagnai à sa voiture, elle me confia : « James, vous avez changé ma vie. J'ai l'impression que le nuage noir qui planait au-dessus de ma tête s'est complètement dissipé. Je me sens tellement mieux, simplement parce que je sais qu'ils sont ensemble et qu'ils vont bien. Merci. » Je lui ai répondu que j'étais heureux qu'elle ait obtenu les informations dont elle avait besoin.

Elle s'est assise quelques instants dans sa voiture auto, puis elle a baissé la vitre de la portière et m'a regardé droit dans les yeux. « En fait, je ne suis pas seulement soulagée, je crois qu'à présent je peux recommencer à vivre. » Le sourire aux lèvres, elle s'engagea dans la rue.

La noyade

Bien souvent, lorsque je suis en séance avec un client, les esprits des membres de sa famille ou de ses amis se pressent dans la pièce et cherchent tous à transmettre leurs pensées en même temps. Et de la même manière que sur le plan terrestre, quand tout le monde parle en même temps, il est difficile de démêler les pensées et de déterminer quel individu les a émises. Dans la majorité des cas, si le consultant a une personne particulière en tête, c'est en général celle-ci qui se présentera la première. Mais il arrive que la visite d'un esprit prenne le consultant totalement au dépourvu.

La visite inopinée d'un esprit se produit généralement à la fin d'une séance. Il est réconfortant de penser que, même dans l'au-delà, les règles de civilité conservent leur importance. L'esprit inattendu attendra que la rencontre du consultant avec l'être cher ait eu lieu, ou il guettera le moment favorable. L'esprit qui se présente à l'improviste partagera souvent avec le consultant un message du plus grand intérêt.

Une remarquable conversation venait de prendre fin entre Mark et son père, décédé plusieurs années auparavant. La séance s'était déroulée de façon plutôt normale et Mark avait obtenu des réponses à ses questions. La séance allait se terminer lorsque j'ai senti une autre présence. J'ai demandé à Mark s'il connaissait une personne portant le nom de Doug.

Mark blêmit. Il hocha la tête fiévreusement. « Oui... oui, que dit-il ? »

« Il veut que je vous dise qu'il ne sortira plus sous la pluie et vous prie de dire à ses parents qu'il va bien. Est-ce que vous comprenez ? »

« Oui, je comprends. »

« Il dit avoir été pris dans une inondation et mentionne qu'il est désolé de ne pas avoir mesuré le danger de la situation. C'est très étrange. Il parle également d'une nouvelle bicyclette. »

« Ah oui ! »

« Est-ce que ce garçon s'est noyé ? Il me donne l'impression de faire du surplace dans un remous. Il me montre qu'il s'enfonce, puis remonte, et que ses poumons se remplissent d'eau. »

Les sensations éprouvées par Doug envahissaient mon corps et je sentais la pression sur ma cage thoracique.

« Je me sens étourdi. Il perd peu à peu conscience et ensuite tout devient noir. »

« Ça alors ! » s'exclama Mark.

« Savez-vous s'il y a eu une équipe de pompiers ou de sauveteurs autour de lui ? Il me montre qu'ils se tiennent sur le bord. »

« Oui, plusieurs sauveteurs ont tenté de le remonter à différents endroits le long de la rivière. »

« Il me dit qu'il a essayé d'attraper la corde, mais qu'il n'arrivait pas à l'atteindre », continuai-je.

Le visage de Mark s'était assombri. « Rien d'autre ? »

« Il veut que vous disiez bonjour à Max. Cela vous dit quelque chose ? »

« Mon Dieu ! C'est mon fils. Doug était le baby-sitter de Max. Ils étaient de grands copains. C'est renversant ! »

« Il parle de la Floride et me montre une casquette de base-ball qui a quelque chose à voir avec... Je ne comprends pas. Je reçois comme message Marla ou Marlin. »

« Les Marlins de la Floride ! s'écria Mark. Je viens de donner à Max la casquette des Marlins qui appartenait à Doug. Il l'aime beaucoup, car elle lui rappelle Doug. »

« Il veut qu'il la porte tant qu'il lui plaira. Il aimerait aussi que Max dise bonjour à tous les enfants du quartier. »

Mark expliqua que Doug était aimé de tous. Il était un fanatique du sport et tous les enfants du voisinage l'adoraient.

« Doug parle encore une fois d'un vélo neuf. Il aimait sa nouvelle bicyclette. Je ne suis pas certain de comprendre pourquoi il en parle sans arrêt », confessai-je.

Mark était fébrile.

« Incroyable, répondit-il enfin. D'une certaine manière, tout cela est arrivé à cause du vélo. Deux jours avant la tempête, il avait reçu une nouvelle bicyclette. Il est descendu au bord de la rivière sur son vélo pour voir le déchaînement des eaux. Le vélo aurait été emporté par la rivière en crue. Quand Doug a voulu le rattraper, il est tombé à l'eau. Le courant était trop fort et il a été incapable de revenir sur la berge. »

« Il envoie ses amitiés à Linda. »

« C'est mon épouse, précisa Mark. Je lui dirai bonjour de sa part. »

« Il est très heureux que vous soyez venu ici et il souhaite que vous disiez à tout le monde qu'il va très bien. »

« Tu peux compter sur moi, Doug. » Le visage épanoui en un large sourire, Mark renversa la tête et regarda le plafond.

Quelques jours plus tard, je reçus un coup de téléphone de la famille de Doug. Ils étaient étonnés des informations très précises qui avaient été communiquées à Mark alors que ces détails n'étaient connus de personne, pas même des chaînes de télévision. Ils ont pris rendez-vous avec moi et ont eu un entretien avec leur fils, plusieurs semaines plus tard, qui les rassura sur la vie qu'il menait dans l'au-delà. Ainsi que Doug l'expliqua à ses parents, sa vie ne s'était pas arrêtée au milieu de la rivière gonflée par ces lourdes pluies. Il leur dit qu'il comptait terminer ses études et qu'il espérait même avoir une petite amie un jour. Sa famille fut heureuse de savoir que la vie de Doug se poursuivait vraiment.

Ce n'est pas ce que vous croyez

La rédaction du présent ouvrage a exigé que je fasse le tri des séances que j'ai tenues au fil des années afin de présenter celles qui m'apparaissent typiques des rencontres avec les êtres chers et les personnes qui ont traversé les voiles de la mort. Au cours de cette recherche, je suis tombé sur bon nombre de consultations qui tranchaient sur les autres, peut-être par leur caractère unique ou parce qu'elles comportaient certaines démonstrations miraculeuses des pouvoirs de l'esprit ou que la communication avait permis la découverte de faits incroyables ou étonnants.

La séance suivante m'apparaît un exemple stupéfiant de ce qui précède. C'est l'histoire d'un couple dont les vies ont été brisées par la mort de leur fils, une mort qui posait plus de questions qu'elle n'apportait de réponses. L'esprit de leur fils fut très reconnaissant d'avoir l'occasion d'éclairer ses parents sur les incidents qui avaient entouré sa mort et qui avaient suscité une vive controverse. À la fin de la séance, non seulement ses parents avaient retrouvé la tranquillité d'esprit, mais, ce qui est plus important, son âme pouvait enfin reposer en paix.

Sandra et Alan étaient venus me voir sur la recommandation de leurs amis. Ils paraissaient assez sceptiques et réticents à s'engager dans une aventure aussi insolite que le spiritisme. Je leur ai fait ma présentation habituelle, leur expliquant comment je recevais l'information, ce qu'ils pouvaient espérer ou non. Ils écoutèrent et semblèrent conscients qu'ils devaient être prêts à toute éventualité.

J'ai d'abord perçu la présence de la mère de Sandra dans la pièce. J'ai élevé la voix : « Sandra, votre mère est ici. Elle est tout près et vous conseille d'être prudente avec ce couteau de cuisine. »

« Mon Dieu, répondit Sandra, hier, lorsque j'étais en train de l'aiguiser, je me suis presque coupé le doigt. Est-ce qu'elle m'observait ? »

« Ça devait être elle car je n'étais sûrement pas dans votre cuisine », lui répondis-je.

Sandra esquissa un sourire alors que sa mère continuait de me transmettre des pensées.

« Votre mère dit qu'elle aime les nouveaux meubles de jardin. »

« Oui, c'est vrai. Nous avons acheté un nouveau mobilier l'autre jour chez Sears. Lorsqu'elle vivait avec nous, elle passait beaucoup de temps assise sur la véranda. »

« Elle possède un remarquable sens de l'humour. Elle dit qu'elle s'asseyait à cet endroit pour voir venir la mort. »

Tout à coup, les pensées d'un autre esprit vinrent me couper la parole. Il insistait pour se faire entendre.

« Oui, je vous entends, dis-je à l'esprit. Une personne accompagne votre mère, Sandra. C'est un jeune homme qui est décédé subitement. Votre mère explique que vous avez demandé à le voir. »

Malgré les larmes qui remplissaient leurs yeux, je continuai.

« Le nom de Steven vous est-il familier ? »

Ils blêmirent tous les deux et se mirent à pleurer en disant que Steven était leur fils, et que c'était la raison pour laquelle ils étaient venus me voir.

Je poursuivis. « Steven est tourmenté. Il n'est pas en paix. Il tente d'entrer en contact avec vous depuis un bon moment. Il y a deux ans qu'il vous a quittés ? »

« Non, cela fait seulement près d'un an, dix mois environ. »

« Hum. Il affirme que sa mort vous a détruits. Il en est si malheureux. Il a essayé de réparer un tort. J'ignore ce qu'il veut dire. Est-ce que vous comprenez ? »

Alan prit la parole. « Oui, je crois. Dit-il autre chose ? »

« Ça alors ! Il me transmet une sensation de brûlure. J'ai l'impression que ma tête a éclaté en morceaux. Je suis désolé, mais c'est ce qu'il me communique. A-t-il été tué d'un coup de feu ? »

« Oui. »

« Il dit que vous l'avez découvert dans sa chambre. »

« C'est exact. » Ils essuyèrent tous deux leurs larmes.

« Je suis désolé de vous apprendre ceci, mais je crois que votre fils se droguait ou du moins qu'il avait fait l'essai de certaines drogues. »

« Oui, nous l'avons appris », dit Sandra.

« Votre fils est très affirmatif. Il crie : "C'était Ronnie !" Qui est Ronnie ? »

« Ronnie était l'un de ses amis. »

J'ai ensuite transmis une information qui a complètement changé l'atmosphère de la pièce, non seulement pour le couple, mais également pour moi.

« Sa montre. Il parle de sa montre en or. »

Alan remarqua : « Après sa mort, nous l'avons cherchée partout, sans parvenir à la retrouver. »

« Votre fils l'a donnée à Ronnie pour acquitter sa dette. Ronnie était en colère. Savez-vous s'il y a eu un affrontement avant que votre fils ne meure ? »

« Non. »

« Steven me crie : "Je ne me suis pas suicidé. C'est Ronnie. C'est Ronnie qui m'a fait ça. Je ne me suis pas suicidé !" »

Il y eut un silence de mort. Aucun d'entre nous n'arrivait à croire ce qui venait d'être dit. Il est très rare qu'un esprit révèle le nom de son meurtrier. Dans ce cas précis, Steven voulait obtenir justice. Je me suis rassis et j'ai tenté de retrouver mon sang-froid avant de poursuivre.

« Steven mentionne quelque chose au sujet du suicide. Croyez-vous qu'il se soit suicidé ? »

L'un et l'autre affirmèrent qu'ils le croyaient.

« Votre fils tente de vous faire savoir que ce n'était pas un suicide. Il n'aurait pas fait une pareille chose. Savez-vous si les policiers se sont interrogés sur les causes du décès ? »

« Non, nous avons tous cru que Steven s'était suicidé parce qu'il prenait de la drogue. On en a découvert dans son organisme », dit Sandra.

« Le message que je reçois est clair : votre fils et ce Ronnie se sont disputés. Ronnie voulait de l'argent et des stupéfiants. Dites-moi, Alan, avez-vous un pistolet, un petit revolver ? »

« Oui, c'est l'arme qu'il a utilisée. »

« Il me dit qu'il l'a prise dans le tiroir du bas du vaisselier. Est-ce exact ? »

« Nom de Dieu, comment pouvez-vous savoir une chose semblable ? Oui, c'est exact. »

« Savez-vous si ce Ronnie avait un casier judiciaire ? »

« Non, nous pensons que non », déclara Sandra.

« Votre fils continue de me faire voir une dispute au sujet de l'argent. Steven devait de l'argent à Ronnie. Ce gars-là était vraiment détraqué à l'époque. Il était complètement défoncé. Je parle ici de Ronnie. Écoutez, votre fils me montre sans arrêt un garage, un garage de brique avec une porte blanche. Il y a trois petites fenêtres. Il ouvre l'une d'elles et se dirige vers le mur latéral gauche. »

« Nous n'avons pas de garage. Qu'est-ce que cela signifie ? »

« Je n'en sais rien, mais retenez-le, s'il vous plaît. Peut-être saisirez-vous la signification plus tard. Votre fils est heureux de vous avoir raconté cela. Il dit que vous comprendrez un jour. Il faut trouver Ronnie. Il mentionne un nom – Sharon ou Sherry. »

Alan éleva la voix : « C'est sa sœur. »

« Vient-elle d'avoir un bébé ? »

« Non. »

« Eh bien, j'ignore ce que cela signifie, mais retenez cette information, peut-être arriverez-vous à la comprendre plus tard. Votre mère vient de faire son entrée et elle me dit que vous avez aidé Steven. Il va bien. »

« Merci. »

« Elle me montre aussi quelque chose concernant l'épluchage des pommes de terre. »

« Hier, j'ai fait un potage aux pommes de terre – c'est la recette de maman. J'ai pensé à elle », répondit Sandra.

« Elle me dit que vous avez bien réussi. »

Cela les fit sourire tous les deux. La séance se poursuivit quelque temps encore. Steven parla de la cérémonie funèbre, précisant qu'il aurait préféré que sa mère ne se donne pas autant de mal pour sa pierre tombale. La rencontre prit fin et nous avons pris congé. Le couple avait la certitude d'être entré en contact avec leur fils. Ils me dirent qu'ils allaient écouter l'enregistrement afin de vérifier s'ils ne pourraient pas élucider ces incroyables informations.

Plusieurs mois plus tard, je reçus un appel téléphonique de Sandra. Elle voulait me dire à quel point la famille était reconnaissante de l'aide que je leur avais apportée, et souhaitait me mettre au fait des nombreux événements qui étaient survenus depuis notre rencontre. Ils avaient téléphoné à la police et avaient parlé à un détective qui était informé de la mort de leur fils. Le détective donna suite à cette conversation en enquêtant sur l'histoire de Ronnie. Lorsqu'il se rendit à la demeure de Ronnie, il découvrit le garage de brique aux trois fenêtres. Dans le mur gauche, derrière un panneau, il découvrit un kilo d'héroïne, différentes sortes de stupéfiants de même que la montre en or de Steven. Le détective mit Ronnie en état d'arrestation. Après avoir été interrogé par la police, Ronnie admit finalement que Steven lui devait de l'argent et qu'il n'avait pas remboursé sa dette. Steven lui avait offert sa montre en or ; Ronnie l'avait prise, mais il voulait encore de l'argent. Le jour où Ronnie était venu percevoir la somme, Steven avait sorti du tiroir le revolver de son père pour se protéger. Lorsque Steven avait dit à Ronnie qu'il n'avait pas le reste de la somme, Ronnie s'était emparé de l'arme et avait atteint Steven d'un coup de feu à la tête. Ronnie avoua qu'il était alors sous l'effet des stupéfiants. Ronnie fut traduit devant les tribunaux. Il purge actuellement une peine d'emprisonnement à vie dans un pénitencier d'État.

Le marine

Les gens quittent cette vie de manières les plus diverses. Certains s'en vont paisiblement dans leur sommeil, d'autres se donnent la mort et d'autres encore sont victimes d'un accident quelconque. Bien que nous choisissions les circonstances de notre mort bien avant notre entrée sur le plan terrestre, aucune ne semble avoir un caractère plus tragique que la transition violente. Du moins, celle-ci paraît affecter le plus ceux d'entre nous qui vivent encore dans le monde physique.

Dans bien des cas, la personne qui meurt de façon violente ou rapide n'a pas conscience que le processus de la mort a suivi son cours. Le trauma survient si brusquement que parfois le corps spirituel est littéralement éjecté du corps physique. L'esprit peut ignorer les événements difficiles qu'il a vécus pendant plusieurs années. Au cours de cette période, il pourra visiter tous les endroits qu'il a fréquentés lors de son existence terrestre en croyant qu'il est toujours vivant, mais qu'il est en train de rêver. On utilise l'expression *âme errante* ou plus communément le terme *fantôme* pour désigner ce phénomène spirituel particulier. Si un esprit est troublé, malheureux ou agité, nous le classons dans la catégorie des *poltergeists*. Heureusement, dans l'autre monde, plusieurs esprits s'emploient à secourir ces âmes errantes et désorientées.

Il existe différentes façons de traiter avec les esprits importuns lorsque ces derniers se manifestent. Rappelez-vous qu'ils ont uniquement la force et l'autorité que vous voulez bien leur donner. Vous tenez les commandes, ne l'oubliez jamais. Dans la majorité des manifestations poltergeist, l'esprit ne se rend pas compte qu'il est décédé, gardez toujours cela en tête. En outre, la mort de chaque esprit s'inscrit dans un contexte différent. Il est recommandé de se rendre dans la partie de la maison où les perturbations se font le plus sentir. Le temps requis pour conjurer cette énergie varie en fonction des cas. Avant de commencer, je vous recommande d'accomplir un rituel de protection personnelle et de demander à vos guides spirituels ou anges gardiens de vous accompagner et de vous soutenir. Cette pratique devrait précéder toute forme d'activité intuitive.

En premier lieu, il convient de créer un certain climat dans la maison ou dans la pièce en élevant les vibrations de cette zone précise. Pour y arriver, faites jouer des pièces musicales à caractère spirituel ou religieux telles que le *Notre Père* ou l'*Ave Maria*, ou encore tout hymne, chant ou mélodie ayant des vibrations spirituelles élevées. Ensuite, purifiez cette partie de la maison en assainissant l'air ambiant. Vous effectuerez cette tâche sans difficulté en faisant brûler de la sauge. Il existe d'autres arômes tout aussi efficaces, dont la myrrhe et la résine d'oliban. En plus d'être reliées aux hyperfréquences, ces trois substances aromatiques contribuent à dissiper les énergies négatives. En troisième lieu, faites entrer la lumière du jour dans la pièce aussi abondamment que vous le pourrez. Levez les stores et écartez les rideaux. Pour terminer, il est important de méditer en essayant d'atteindre l'esprit perturbé. Il n'est pas nécessaire de le voir ou de sentir sa présence. Faites-lui savoir qu'il est passé dans une autre dimension et dites-lui de demander à un parent de lui servir de guide dans l'au-delà. Rappelez-lui maintes et maintes fois qu'il n'est pas obligé de rester du côté terrestre du voile et, qu'en vérité, il sera beaucoup plus heureux du côté spirituel, où il ne se sentira plus enchaîné. Il faut vous assurer d'émettre ces pensées avec amour et compassion. Selon la gravité du problème, la purification pourra prendre quelques jours ou même quelques semaines.

Il existe plusieurs scénarios de mort violente, y compris le meurtre. En général, l'âme prend conscience de sa situation après une courte période d'adaptation. D'ordinaire, un parent ou un guide vient immédiatement à la rencontre de l'âme. La séance suivante jette un éclairage unique sur la situation de l'âme qui prend conscience de sa mort.

Avant d'aller plus loin, il importe de rappeler que je répète au consultant tout ce qui m'est communiqué mentalement chaque fois que je donne une consultation. J'ai conclu un accord avec le monde spirituel : s'ils me fournissent les informations, c'est que je peux tout dire à l'individu à qui j'accorde la consultation. J'agis de la sorte parce que je ne suis qu'un médium. Ce n'est pas à moi de censurer l'une ou l'autre des informations données. D'autre part, le consultant pourrait avoir du mal à comprendre un fait particulier si je ne disais pas tout. Par conséquent, je décris, de façon aussi précise que je le peux, les scènes et les éléments visuels, y compris les couleurs, de même que tout ce que j'éprouve, que ce soit un sentiment de joie ou de malaise.

Un jeune homme se présenta à mon bureau sur la recommandation d'un ami. Ne sachant rien de cet homme, je ne comprenais pas pourquoi j'avais ressenti un élan subit dans l'autre monde. Quelqu'un était impatient de parler et j'ai donc commencé.

« Il semble y avoir une grande distance entre vous et votre famille. Êtes-vous loin d'elle ? Je veux dire, habitent-ils dans un autre État ? »

« Oui », a-t-il répondu.

« Est-ce que le nom de Laura vous est familier ? »

« Oui, c'est ma sœur ; elle vit en Arizona. »

« J'ignore pourquoi, mais j'ai envie de m'attarder sur la vibration familiale. Y a-t-il trois enfants dans la famille, deux garçons et une fille ? »

« Oui… il y en avait trois. »

« Oui, car je sens ici très fortement la présence d'un jeune homme. Je pense qu'il s'agit de votre frère. Est-ce exact ? »

« C'est à lui que je pensais. »

« Je reçois le nom de Mike. Ça vous dit quelque chose ? »

Le jeune homme commença à s'animer. « Oui, oui, c'est lui. C'est son nom. »

« Il dit qu'il va bien. Il est très heureux que vous soyez venu ici aujourd'hui. Il souhaite que vous disiez à votre mère et à votre père de ne pas s'inquiéter, tout va bien. Il mentionne le Texas. »

« Mes parents vivent au Texas. C'est là où nous avons grandi. Comment va-t-il ? »

« Bien. Il n'arrive pas à croire que je puisse l'entendre. Il y a si longtemps qu'il souhaite faire une chose semblable. Il a rencontré des amis dans le monde spirituel. Des amis de l'armée. Ses copains. Vous comprenez ? »

« Oui, je comprends. Continuez, je vous en prie. »

« Est-il allé au Viêt-nam ? Il parle très vite, de la guerre. La guerre du Viêt-nam. Il dit qu'il a rejoint ses copains d'armée de *'nam*. Il ne voulait pas y aller. »

« C'est vrai ! J'étais jeune alors, mais maman m'a dit que Mike ne voulait pas y aller. »

« Sa mort semble avoir été bien rapide. »

J'ai senti que j'entrais plus profondément en transe. Je fus projeté visuellement dans un univers de douleur et de feu. J'étais au cœur du Viêt-nam. On aurait dit que le monde était en proie à la folie. Autour de moi, je voyais un flamboiement de jaune et d'orangé. J'ai ressenti une forte déflagration devant moi. Mon regard s'est porté sur mon client ; je lui ai expliqué que je devais m'arrêter quelques instants. J'ai demandé à mes guides de retirer le souvenir de cette mort, l'expérience se révélant trop pénible pour mon corps physique. Les guides s'empressèrent de l'annuler. La scène se déroula de nouveau, mais, cette fois, j'assistais en spectateur.

« On me montre un homme dans les broussailles. Il fait nuit. L'homme que je crois être votre frère semble très nerveux. Il avance avec le reste de sa troupe. Il tente d'enlever sa veste, mais le bas du vêtement paraît s'accrocher à un objet entourant sa ceinture. »

Le jeune homme essaya en vain de contenir ses larmes. Il savait que je revivais le scénario de la mort de son frère. J'ai vu la fermeture Éclair de la veste dégoupiller la grenade. Le souffle fit exploser le corps du soldat et lui arracha la tête, puis tout devint noir.

Je fixai mon client du regard.

« Votre frère a-t-il péri suite à l'explosion d'une grenade qui s'est prise dans ses vêtements ? »

Le jeune homme se rejeta en arrière dans son fauteuil. Ses lèvres bougeaient lentement et il semblait chercher ses mots.

« Oui, c'est ce qui est écrit sur le document expédié par le gouvernement. »

Je n'arrivais pas à le croire. Jamais personne ne s'était manifesté avec autant d'intensité. J'avais du mal à poursuivre, à contenir mon enthousiasme.

« C'est stupéfiant ! Votre frère est un communicateur exceptionnel. Attendez ! voyons ce qu'il veut ajouter. Il raconte comment il s'est senti quand il s'est réveillé. Il dit qu'il a repris conscience au bout de quelques secondes, d'après ce qu'il croit. Après avoir regardé autour de lui, il s'est senti changé, moins fatigué qu'auparavant. Il aperçut ses copains rassemblés en cercle ; ils criaient, toutefois, et il lui fallut s'approcher pour saisir ce qu'ils disaient. Ils criaient son nom : Mike ! Mike ! Il répondit, mais ces derniers ne pouvaient l'entendre. Il avança vers le cercle et remarqua qu'ils regardaient les restes d'un cadavre humain sur le sol. Tout à coup, une sensation étrange et inquiétante traversa son corps. Il regarda les plaques d'identité militaire que son copain de section ramassait par terre et y lut son nom. »

Le jeune homme écoutait, fasciné. « J'ai l'impression de rêver. Il savait ce qui se passait. »

« Il était un peu perdu, dit-il, mais il a compris qu'il devait être mort. Il décrit l'intense sensation de calme et de paix qu'il a éprouvée. Attendez un instant... Il veut que je vous dise qu'il a été accueilli par Alice. Connaissait-il une Alice ? »

« Alice est notre grand-mère. »

« Eh bien, Alice est venue à son secours. Il était bouleversé, et en même temps heureux et soulagé. Elle se tenait à ses côtés. Il veut vous dire qu'il a également vu papi et que Jojo est toujours avec lui. »

« Jojo était le berger allemand de papi, notre grand-père. Mike et Jojo ne se quittaient jamais. C'est incroyable. Donc, les animaux aussi continuent de vivre ? »

« Toutes les créatures vivantes poursuivent leur existence. Votre frère souhaite que je vous dise qu'il regrette vivement de vous avoir causé tant d'inquiétude et de chagrin. Sachez qu'il va bien et qu'il vit pleinement. »

« Qu'il ne s'en fasse pas à ce sujet. Faites-lui savoir que nous l'aimons beaucoup et que nous sommes heureux qu'il soit encore avec nous. Nous avons hâte de le revoir un jour. »

« Il dit qu'il attendra avec tous les autres là-bas… je l'entends rire… y compris, Jojo. »

Lorsqu'un animal se manifeste, comme dans l'exemple précédent, le client me regarde souvent d'un air perplexe. Nous avons du mal à imaginer que Fluffy ou Rover continuent à vivre après leur mort. Mais pourquoi pas ? Tout comme les humains, les animaux sont constitués de la force vitale divine. Lorsque je reçois la vibration d'un animal, l'interprétation ne diffère pas de celle des humains. Les traits de caractère de l'animal (les animaux en sont dotés) se font sentir très clairement en moi. Bien souvent, l'animal me signifiera qu'il aimait un aliment précis ou qu'il avait une préférence pour un fauteuil particulier. Comme ses homologues humains, il arrive à l'occasion qu'un animal décrive en détail les circonstances de sa mort, décrive comment il avait du mal à avaler sa nourriture quand il était malade ou à quel point il lui était difficile de marcher à la fin.

Voici une histoire merveilleuse tirée d'une consultation donnée par un médium anglais décédé depuis. Selon moi, elle révèle toute l'étendue de l'amour inconditionnel que les animaux nous portent.

Il était une fois un simple fermier vivant en Angleterre. Comme cela se produit parfois, la vie lui en fit voir de dures : il perdit sa ferme, puis tous les membres de sa famille. Elle ne lui laissa qu'une seule chose : une jument blanche usée, ensellée, portant le nom de Patty, qu'il avait aidée à venir au monde. Patty et le fermier demeurèrent ensemble de très nombreuses années, jusqu'à ce que Patty dût partir à son tour. Le fermier, qui n'avait plus personne, se sentait complètement perdu. Quelques années plus tard, lorsque ce fut au tour du fermier de mourir, celui-ci s'éveilla en esprit et découvrit qu'il était assis au milieu d'une magnifique prairie. Il ignorait où il se trouvait et pensa qu'il était peut-être en train de rêver. Fixant son regard sur une colline qui se dressait au loin, il aperçut tout à coup, un cheval qui descendait la colline au galop et venait dans sa direction. C'était sa vieille Patty, non plus la jument au dos creux, âgée, arthritique, qu'il avait connue, mais une jeune bête superbe et vigoureuse. Alors qu'elle s'approchait, le fermier reconnut sa Patty et ressentit l'amour qu'elle lui portait. Cet amour l'avait guidé vers le monde spirituel.

Les liens d'amour qui nous unissent à nos animaux de compagnie survivent quand nous passons dans l'autre monde. Peu importe avec qui nous les avons noués, les liens d'amour sont immortels.

5

L'accident fatal

Un jour nous retournerons tous à notre demeure spirituelle, nous pouvons en être assurés. Cependant, la façon dont nous quittons cette terre ainsi que le point d'arrivée diffèrent d'un individu à l'autre. Plusieurs quittent leur corps de manière tragique et tout à fait inattendue, comme cela se produisit pour Mike au Viêt-nam. Malheureusement, un bien plus grand nombre de personnes meurent dans des accidents de la route. En agissant comme intermédiaire entre les mondes terrestre et spirituel, il m'est arrivé à maintes reprises de recevoir les pensées de ces personnes décédées dans des accidents. Ce phénomène exige certains éclaircissements.

En premier lieu, il convient de mentionner que *rien* n'arrive par accident. De tels incidents sont la conséquence directe du rapport de cause à effet ou karma. Permettez-moi d'expliquer ce que je veux dire : un individu se rend à une soirée et décide consciemment de boire de l'alcool. Une fois rendu ivre, il décide de rentrer chez lui en voiture. Au même moment, un couple revient à la maison après une sortie au cinéma. Comme il a la vue brouillée, l'homme en état d'ébriété aperçoit trop tard le véhicule venant en sens inverse. Malheureusement, sa voiture vient emboutir celle du couple. Ils sont tués instantanément.

Dans ce scénario, la mort est le résultat ou la conséquence du fait que cet homme a décidé de boire. L'accident a pour cause la conduite en état d'ivresse et l'homme est responsable d'avoir mis fin aux jours de deux personnes. Nous sommes en présence d'une situation karmique. Dans une autre existence, il devra se produire un événement pour faire contrepoids à la mort du couple. En d'autres termes, nos actions, négatives ou positives, nous seront payées de retour, dans cette vie ou dans une autre vie. La loi de cause à effet est une loi universelle naturelle et immuable, et chaque expérience doit parvenir à la dissolution par l'action du karma ou par la grâce de Dieu.

Ce qui semble un accident, ou même une catastrophe naturelle, ne l'est pas toujours. Rien n'est dû au hasard. Il n'y a pas que les événements qui soient fondés sur des obligations karmiques, l'âme individuelle, ou un groupe d'âmes, conclut un accord dans l'esprit avant d'entrer dans le monde physique. Tous les éléments de la vie s'insèrent dans un projet spirituel. L'existence tout entière n'est qu'une suite de leçons à tirer de nos expériences. Pour connaître la plénitude de la vie, chaque âme doit en expérimenter tous les aspects. Par conséquent, l'âme doit passer par des expériences positives et négatives. L'individu doit découvrir la dualité de la nature. Le négatif permet d'apprécier le positif à sa juste valeur.

Fortes de cette idée, certaines âmes acceptent, alors qu'elles sont dans la dimension spirituelle, de vivre une catastrophe naturelle, ou un accident d'avion, et consentent à quitter leur corps de cette manière. S'agit-il d'un choix délibéré ? Non, je ne crois pas que ce pourrait être une décision consciente. Notre ego ne permettrait pas que notre corps physique soit maltraité de la sorte. On peut aussi envisager les accidents et les catastrophes de la façon suivante : ces âmes « liquideraient » ainsi le karma d'une existence antérieure. Et puis on peut se demander si cet accident ou cette catastrophe apportent quelque chose à d'autres personnes. En d'autres termes, quel effet la mort de cette personne produit-elle sur sa famille et ses amis intimes ? Auront-ils une meilleure compréhension de l'amour et un amour plus fort de la vie ? La mort de l'être cher contribuera-t-elle à les faire grandir sur le plan spirituel ? Notre raison ne nous permet pas de comprendre ces questions, car elles sont de nature spirituelle. Qu'il suffise de dire que nos vies s'inscrivent dans un contexte bien plus large, dont l'étendue échappe à notre imagination.

Il arrive souvent que des clients me demandent si l'être cher a souffert au moment de l'impact fatal. Dans la majorité des cas, il se produit une perte de connaissance et l'esprit ne garde aucun souvenir de l'événement. Souvent, un esprit affirmera avoir vu le véhicule en pièces et s'être demandé quelle malheureuse personne avait été tuée. Il ne réalisera qu'il a vécu cette expérience qu'après avoir reconnu sa propre forme inanimée.

Lorsqu'il se rend compte pour la première fois de sa propre mort, l'esprit pourra être profondément bouleversé, pour ne pas dire davantage, en particulier s'il se sent bien vivant. Lorsqu'il s'agit d'une mort accidentelle et que l'esprit est littéralement éjecté de son corps, un parent, un ami cher ou un guide se tiendront en général auprès du nouveau venu pour l'aider à effectuer le passage de la vie à la mort. Le nouvel arrivant comprend très vite que la vie existe sous une forme spirituelle. Il regarde son corps spirituel et constate qu'il a exactement l'apparence de son ancien corps physique. Parfois, lorsqu'il reprend conscience, l'esprit constate qu'il se trouve à l'hôpital. Celui-ci diffère toutefois des hôpitaux terrestres. Un parent ou un ami intime lui souhaite la bienvenue et lui apprend qu'il est décédé à la suite d'un accident.

Il faut comprendre qu'en présence de la mort, en particulier la mort subite, l'âme peut avoir besoin d'un surplus d'aide et de compréhension pour s'acclimater à son nouvel environnement. Dieu merci, il existe des âmes admirables pour les secourir. Sur terre, on les appellerait des travailleurs sociaux ou des thérapeutes, car, comme eux, les guides spirituels apportent un soutien mental aux âmes nouvellement arrivées dans un environnement inconnu.

Quand je travaille avec des parents en deuil de leur enfant, ceux-ci me disent souvent que la perte d'un enfant est l'expérience la plus douloureuse qu'une personne puisse vivre. Personne n'est préparé à voir mourir son enfant. Dans leur douleur, les parents en viennent inévitablement à se reprocher la mort de leur enfant, comme s'ils en étaient responsables, ou qu'ils eussent pu l'empêcher. Mais ce pouvoir n'appartient qu'à Dieu.

Dans la séance suivante, un enfant tente de convaincre sa mère qu'il va bien et qu'elle ne devrait pas se sentir responsable de sa mort. Il cherche à la réconforter avec des mots d'amour, des éclats de rire et des confidences. Une fois la consultation terminée, j'ai remarqué que la mère était transformée… elle ne pleurait plus.

Le jeune motocycliste

Cette séance a lieu chez le consultant. Le groupe qui s'y trouve est constitué de huit personnes que je n'ai jamais rencontrées et j'ignore totalement avec quels esprits elles souhaitent s'entretenir.

Après avoir accordé trois consultations, je tourne soudain la tête du côté gauche de la pièce où je vois une dame assise sur le divan en train de pleurer.

« Puis-je vous parler ? » demandé-je.

Après m'avoir examiné brièvement, elle répond avec hésitation : « Oui, allez-y. »

« Un jeune homme aux cheveux blonds est resté assis avec vous sur le divan toute la soirée. Savez-vous de qui il s'agit ? »

« Oui, je crois le savoir. »

« Il me dit que son nom est Stephen. Le nom vous est-il familier ? »

La femme éclate en sanglots et s'exclame : « Oui, oui, c'est mon fils. »

« Il semble avoir beaucoup d'humour ainsi qu'un rire jovial. Est-ce que cela vous semble juste ? »

« Oui, c'est vrai. »

« C'est un pince-sans-rire qui fait des plaisanteries à froid, si vous comprenez ce que je veux dire ? »

La femme fait un signe de tête affirmatif et esquisse un léger sourire en prenant conscience qu'elle est bien en communication avec son fils.

« Il dit bonjour à Diane et ajoute qu'elle est au courant pour la soirée ? »

« Diane était sa petite amie. »

Réfléchissant à l'allusion à la soirée, la femme ne parvient pas à faire le lien. « Mon Dieu, s'écrie-t-elle soudain, la nuit de sa mort, Diane l'accompagnait à une fête organisée par un ami. »

« Il me montre une motocyclette sur une route glissante. Est-ce que vous comprenez ? »

« Oui », répond-elle.

« Il prend un virage à grande vitesse, puis s'engage dans une descente. Euh… vous savez, il était un peu ivre au volant de cette moto. »

La femme continue de faire oui de la tête en écoutant.

« Pouvez-vous me dire ce que *Greenleaf* signifie, s'il vous plaît ? Il me fait voir un panneau portant cette inscription. »

« C'est le nom de la rue où il a eu l'accident », répond-elle.

« Je vois. À présent, il me montre une voiture bleu foncé. Est-ce qu'en glissant, sa moto a percuté ce véhicule bleu foncé ? »

« Oui, c'est ce qui est arrivé. Stephen a été éjecté de sa moto et a été projeté sous la voiture », précise-t-elle avant d'éclater en sanglots.

« Stephen désire que vous sachiez à quel point il aime la photo de l'annuaire étudiant et l'inscription qui l'accompagne. »

« C'est vrai. Nous avons fait reproduire la photo et l'avons accrochée dans le salon. »

« Il veut que vous sachiez quelque chose de très important. Il dit que vous vous êtes sentie coupable de sa mort et que vous avez tort. Vous n'êtes pas responsable. »

« Eh bien, si je lui avais téléphoné ce soir-là, il ne serait peut-être pas allé à cette fête. »

« Stephen dit qu'il y serait allé de toute manière, vous le savez. Il a toujours fait ce qu'il voulait. »

« Oui, il agissait ainsi, répond la dame. Il a raison. J'imagine que je ne pouvais empêcher cet accident. Seulement, je suis si malheureuse de n'avoir pu rien faire. »

« Oui, mais vous comprenez que ce n'est pas votre faute ? »

« Oui, je le comprends à présent, merci. » Puis elle incline la tête et écoute le reste de la séance.

Stephen cite à l'appui plusieurs éléments qui, de l'aveu de sa mère, auraient été confirmés par son père ou sa sœur.

Jusque-là, la séance s'est déroulée normalement. Les révélations suivantes s'apparaissent à la fois incroyables et fascinantes. Stephen se révèle le rêve de tout médium : excellent communicateur, ses descriptions détaillées laissent transparaître un tempérament de bon vivant.

« Stephen salue tous ses amis. Mon Dieu ! Il en a des tas ! »

« En effet. »

« Savez-vous si ses amis ont célébré une cérémonie funèbre en son honneur ? » demandé-je.

« Non, je ne crois pas. Eh bien, ils ont déposé des fleurs sur les lieux de l'accident, mais je ne pense pas... »

« Il me présente les initiales J.D. et une personne portant un toast. Je n'ai pas la moindre idée de ce qu'il veut dire. »

La femme se met à rire et s'écrie : « Ah oui ! Un de ses copains a escaladé la barrière du cimetière et il a laissé une bouteille de Jack Daniel's sur sa tombe. J'imagine que c'est une forme de cérémonie. »

Toutes les personnes présentes dans la pièce se mettent à rire et s'approchent de la femme pour la serrer dans leurs bras. Stephen assure sa mère qu'il sera toujours près d'elle et lui recommande de prendre les choses *cool*. Celle-ci regarde au plafond et commence à s'adresser elle-même à Stephen. Non seulement parvient-elle à accepter sa mort, mais elle est en outre délivrée de cette culpabilité irrationnelle. De plus, elle se réjouit à la pensée que son fils est témoin de tout ce qui lui arrive.

La meneuse de claque

Il en va exactement dans le monde des esprits comme sur la terre, lorsque quelque chose nous ennuie, nous éprouvons le besoin de résoudre cette difficulté. Lorsque nous passons dans la dimension spirituelle, notre existence s'appuie sur les pensées et les actions de notre vie terrestre. Si nous avons posé un acte répréhensible alors que nous étions incarnés, cet état ou ce sentiment négatifs pourraient hanter notre conscience très longtemps.

Si nous mourons en laissant certaines questions non résolues, nous ne pourrons reposer en paix ou progresser sur le plan spirituel avant d'avoir réglé nos problèmes terrestres. Lorsque j'aide un esprit à chercher et à recevoir le pardon pour les fautes commises, je suis récompensé de mon travail. Libéré de ses entraves négatives, l'esprit peut alors poursuivre son évolution dans l'au-delà.

Ainsi que je l'ai mentionné précédemment, il arrive souvent que des esprits se présentent à moi à l'improviste. En pareille circonstance, l'esprit a souvent un message important à délivrer au client. Dans l'exemple suivant, une ancienne camarade du secondaire souhaite se faire pardonner ses actions passées.

Un samedi, tard dans la soirée, alors que j'allais mettre fin à une séance de groupe, deux femmes et un homme assis en face de moi sur un divan ont retenu mon attention. Quelque chose me disait qu'un lien particulier les unissait. J'interrogeai la femme assise au milieu.

« Pardonnez-moi, puis-je m'adresser à vous ? »

« Oui », répondit-elle.

« Il y a ici une jeune femme de votre âge. Elle me donne l'impression d'être un peu perturbée, comme si quelque chose l'inquiétait. Le nom de Stacey vous est-il familier ? »

« Oui, nous fréquentions la même école. »

« Elle est morte de façon soudaine. Elle me montre du verre et du sang, puis désigne sa tête du doigt. Elle n'était pas prête à mourir. Est-ce que cela se tient ? »

« Oui, oui. Je pensais à elle pendant que j'étais assise ici. »

« Elle dit qu'elle ne manquerait cela pour rien au monde. Je dois dire que… selon moi, Stacey était une jeune femme qui aimait faire la fête. »

« Oui, vous avez raison. »

« J'ai le sentiment qu'en plus d'être très populaire à l'école, elle était l'invitée vedette de toutes les soirées. »

Tout le monde se mit à rire.

« Avant sa mort, elle avait la tête qui tournait, comme si elle était droguée ou ivre. Je la vois dans une voiture. Elle a été frappée à la tête. Je vois beaucoup de sang et d'éclats de verre. Je crois qu'elle a été victime d'un accident de la route, et je regrette de le préciser, je crois qu'elle est passée à travers le pare-brise. »

« C'est vrai », s'exclamèrent les deux jeunes filles.

« Elle me dit que c'est arrivé à un carrefour. Elle s'était rendue à une fête et elle était un peu "dans les vapes". »

« Oui. »

« Elle me dit qu'elle vous connaît toutes les deux. C'est exact ? »

« Oui, c'est vrai. Nous allions toutes à la même école. »

Mes questions s'adressaient à présent à Julie, l'autre jeune femme sur le divan.

« Elle me montre une photo où vous apparaissez toutes les trois. Avez-vous la photo en question ? »

« Oui, je l'ai regardée tout à l'heure. »

« C'est étrange. Elle me fait voir maintenant des tenues de sport. Je ne sais trop si ce sont des équipements de football ou de sports universitaires. Elle m'indique une lettre sur un chandail. »

Julie répondit : « À l'école, nous étions meneuses de claque ensemble. Je regardais une photo où nous portons toutes les trois l'uniforme des meneuses, avec une lettre au centre. »

Ravi qu'elles aient démêlé ces informations, j'essuyai mon front en poussant un soupir de soulagement.

Je poursuivis : « Elle a toujours souhaité être mère. »

« C'est vrai. Elle parlait d'avoir une famille et de tout ce qu'ils feraient ensemble. »

« Elle veut que je vous dise qu'elle s'occupe de jeunes enfants là où elle se trouve, un peu comme une assistante sociale. Et elle adore cela. »

Les deux femmes acquiescèrent de la tête en souriant. Soudain, je perçus un changement d'humeur chez Stacey.

« C'est étrange. Je ressens une sorte d'abattement chez elle. Voilà qu'elle se met à pleurer. Elle est triste de la façon dont elle vous a traitées toutes les deux. Elle me dit qu'elle a agi comme une garce avec vous, les filles. »

Elles firent toutes les deux oui de la tête.

« Elle me dit qu'elle a brisé l'amitié qui existait entre vous parce qu'elle voulait avoir des amis plus populaires à l'école et se rapprocher des jeunes les plus dans le vent. Elle affirme avoir été une personne jalouse qui provoquait des disputes entre les gens. Elle voulait constamment être le point de mire. Avez-vous cessé de lui adresser la parole un certain temps ? »

« Oui, c'est vrai. Nous ne lui avons pas parlé pendant les quelques mois qui ont précédé sa mort. »

« Elle me demande de vous dire qu'elle regrette. Elle s'est trompée et vous prie de la pardonner de sa conduite. Elle dit que l'idée d'être la personne la plus populaire de l'école l'obsédait tellement qu'elle en a oublié les sentiments des autres. Elle a agi stupidement. »

Les jeunes femmes se mirent à pleurer.

« Lui pardonnerez-vous ? Elle se fait du mauvais sang pour la façon dont elle s'est comportée. »

« Oui, bien sûr, nous lui pardonnons », dit Julie.

« Elle veut que vous sachiez qu'elle sent votre blessure. Elle a été soumise au même traitement qu'elle vous a fait subir et elle s'en veut énormément. »

Les filles essuyèrent leurs larmes.

« Julie, avez-vous épousé, durant l'été, le jeune homme assis à vos côtés ? »

« Oui, au mois d'août. »

« Avez-vous pensé que cela vous aurait plu d'avoir Stacey pour demoiselle d'honneur ? »

« Oui. Nous y avons pensé tous les deux. C'est tellement bizarre. »

« Elle me fait voir une robe rose, ses cheveux sont retenus par un ruban rose. »

« Mon Dieu ! Les robes de mes demoiselles d'honneur étaient de cette couleur. Elles avaient toutes un ruban rose dans les cheveux », cria Julie.

« Stacey demande de vous dire qu'elle était présente à votre mariage en esprit, poursuivis-je. Elle ajoute : "Crois-tu que tu pouvais donner une réception sans que je vienne faire un tour ?" »

À ces mots, tous se mirent à rire et remercièrent Stacey de sa visite. Celle-ci remercia à son tour ses amies de lui avoir pardonné et de lui conserver leur affection. À cet instant précis, j'ai vu Stacey s'approcher de ses amies et serrer chacune d'elles dans ses bras, puis se tourner vers moi avec un sourire exprimant sa gratitude. Elle disparut lentement dans les espaces célestes. Le groupe prit quelques minutes pour assimiler cette expérience extraordinaire et accueillir les sentiments de paix et d'amour que tous avaient éprouvés.

Il est important que vous sachiez que nous pouvons encore changer nos attitudes et comportements après avoir quitté notre corps physique. Si une personne s'est montrée cruelle ou méchante de son vivant, comme Stacey l'a elle-même avoué, il se peut qu'elle fasse un examen de conscience dans l'au-delà. Stacey a compris qu'elle s'était mal comportée et qu'elle avait eu plusieurs fois l'occasion sur la terre de délivrer un message d'amour, toutefois, elle avait choisi de faire la difficile. Une telle prise de conscience conduit à la compréhension et à la recherche du pardon.

Dans la plupart de mes séances, les demandes formulées par les esprits portent en majeure partie sur le pardon. Non seulement le regret des fautes terrestres apporte-t-il la guérison à l'esprit, mais il invite en outre ceux qui vivent toujours sur terre à régler tous leurs problèmes relationnels. Les esprits souhaitent nous voir mener une vie où les préjugés et les attaques n'auront plus leur place et répètent sans se lasser qu'il n'existe qu'*une seule voie*, celle de l'*amour et du pardon* !

Le policier

Il y a des questions qui reviennent très souvent, dont la suivante : *Si les esprits sont en mesure de prévoir les événements à venir, pourquoi ne nous disent-ils pas à quoi il faut nous attendre ?* Il faut comprendre que les esprits ne peuvent nous révéler que ce qu'ils savent et ce qu'il est approprié de divulguer d'un point de vue spirituel. Même si un esprit a acquis une plus grande lucidité et que sa conscience s'est élargie, il peut uniquement donner des informations correspondant à son niveau d'évolution spirituelle.

Je m'explique. La terre est notre salle de classe. Nous y venons pour apprendre diverses leçons qui diffèrent pour chaque personne. Au moment de son incarnation, chacun de nous a atteint un niveau différent d'évolution et chacun a besoin de faire des expériences variées afin de gagner en sagesse et d'embrasser la vie dans une vision plus large. « Il y a plusieurs demeures dans la maison de mon Père », a dit Jésus. Ce qui signifie qu'il y a plusieurs plans d'existence. Lorsque nous mourons, nous accédons au plan spirituel qui correspond aux pensées et aux actions de notre existence terrestre. L'esprit est uniquement en mesure de communiquer les connaissances tirées du plan spirituel qu'il a atteint.

Du reste, dans le monde spirituel, les esprits respectent et observent les lois spirituelles. S'ils défiaient ces lois, ils iraient à l'encontre de l'harmonie et de l'équilibre naturels et n'auraient pas la possibilité d'évoluer sur le plan spirituel. Aussi, au lieu de répondre à nos questions sur l'avenir, ils se conforment à la loi spirituelle et nous permettent de faire nos propres choix.

Par exemple, si quelqu'un demande à sa mère décédée s'il se mariera ou non, il pourrait recevoir deux réponses. Premièrement, la mère pourrait détenir cette information et imprimer la réponse dans ma pensée. D'autre part, si le mariage est une expérience destinée à permettre à son enfant de tirer une leçon karmique, la mère ne voudra pas mettre en péril la croissance spirituelle de son enfant en lui soufflant l'une des réponses d'un prochain test karmique. L'expérience humaine est une traversée que l'individu *doit* accomplir seul. Même si nous avons l'appui de nos guides et de nos anges, nous devons prendre nos décisions personnelles en consultant notre conscience. En d'autres termes, chacun de nous est constamment *mis à l'épreuve.*

La consultation suivante illustre à merveille comment un esprit peut être tenu dans l'ignorance d'une situation pendant sa vie terrestre et réussir malgré tout à voir certains détails d'un événement postérieur à sa mort. Permettez-moi de souligner que c'est une situation *inhabituelle,* mais, ainsi que vous le verrez, ce genre de cas est tout à fait étonnant. Il s'agissait d'une séance de groupe. Je m'avançai vers une femme qui se trouvait dans la pièce et reçus une communication de sa grand-mère, qui se tenait à ses côtés. Les informations fournies par la grand-mère avaient valeur de preuve ; elle relata les circonstances de sa mort et fit des observations à sa petite-fille sur les nouveaux coussins de son divan. Alors que je croyais la séance terminée, il se produisit un fait des plus étranges.

« Carla, connaissez-vous une personne sur la terre qui a pour nom Joanne ? »

Elle se mit à réfléchir et ne put trouver personne dans sa vie portant ce nom. Aussi continuai-je :

« Eh bien, il y a près de moi un homme qui maintient que vous la connaissez. »

Elle n'arrivait toujours pas à se rappeler.

« Il parle d'un accident de motocyclette. Il dit qu'en rentrant le soir après son travail il a perdu la vie au volant de sa motocyclette. »

Elle continuait de chercher, puis je la vis soudain blêmir.

Elle ne put retenir un cri.

« Mon Dieu, je crois avoir trouvé ! »

« Il mentionne le nom de Kathy, est-ce exact ? »

« Oui. C'est le nom de ma meilleure amie, son mari s'appelait Paul. Il est mort dans un accident de moto. »

Carla devint rapidement agitée. Nous avons dû nous interrompre quelques minutes afin qu'elle se ressaisisse et j'ai ensuite continué.

« Paul me montre un uniforme, un uniforme de policier. Il me fait voir aussi une parade de voitures de police – elles semblent faire partie d'un défilé quelconque. »

« Oui, elles formaient un convoi à ses funérailles. »

« Je vois plusieurs policiers porter son cercueil. Savez-vous si sa tombe est située à proximité d'un mur ? »

« Je ne m'en souviens pas… non, je n'en ai aucune idée. Il faudra que je demande à Kathy. »

« Kathy aurait-elle suspendu au mur une plaque commémorative avec l'insigne de Paul ainsi que sa photo ? »

« Je l'ignore. »

« Voulez-vous lui demander ? Il dit l'avoir vue debout, devant la plaque, en train de lui parler. »

« Très bien, je vais me renseigner. »

C'est alors que Paul commença à faire des révélations étonnantes et tout à fait inattendues. Ne sachant pas toujours comment interpréter ce qui m'est transmis, je ne comprenais aucunement le message.

« Paul affirme qu'il a vu le bébé. Il est au courant pour le bébé. Il parle d'une petite fille et ajoute qu'il était présent au moment de sa naissance. Comprenez-vous ce que cela signifie ? »

Carla semblait déconcertée, puis elle porta la main à ses lèvres et se mit à pleurer. Elle prit la parole d'une voix entrecoupée de sanglots.

« Oui, oui... je comprends. Quand Paul est mort, Kathy était enceinte de deux mois, mais il l'ignorait. Il y a cinq mois, Kathy a accouché d'une petite fille. Elle s'appelle Joanne. »

Dans la pièce, tout le monde poussa une exclamation de surprise, moi y compris.

Carla apprit plus tard que Paul était effectivement enterré près d'un mur – à côté d'un mausolée. Kathy avait fait encadrer l'insigne de policier de Paul ainsi que sa photo et les avait accrochés à un mur du salon. Elle confia à Carla que, debout devant sa photo, elle avait demandé à Paul de lui confirmer qu'il allait bien par un signe. Elle fut heureuse de connaître les résultats de la séance.

Aujourd'hui encore, Kathy se sent rassurée de savoir que son bel époux est non seulement vivant dans l'au-delà, mais que du haut du ciel, il veille sur leur petite fille.

Ma mère et l'autobus

La séance suivante a été tenue à Los Angeles en 1992, au profit d'un programme d'aide pour le sida. On m'avait invité à faire une démonstration afin d'offrir au public l'occasion d'envisager la mort sous une perspective différente, non conformiste. Comme une démonstration publique peut regrouper plus de cinq cents personnes, je dois trouver le moyen de jeter un pont entre le monde spirituel et les participants sur la terre. Cette tâche est accomplie par mes guides spirituels, qui s'informent de la situation de l'esprit et s'occupent de le poster derrière moi. Je *n'ai pas voix au chapitre* en ce qui concerne la position et l'ordre dans lequel les informations me sont transmises. Et je ne sais jamais qui se manifestera.

Lors de la quatrième intervention, j'entendis l'esprit d'une femme qui s'adressait à moi.

« Il y a ici une femme. Elle dit être morte au Mexique. Est-ce que cela veut dire quelque chose pour quelqu'un dans la salle ? »

Comme il n'y avait pas de réponse, j'ai continué.

« Cette femme me dit qu'elle a été victime d'un accident de la route dans lequel un autobus était en cause. Oui, je pense qu'elle a percuté un autobus. Cela évoque-t-il quelque chose pour une personne de l'assistance ? »

De nouveau, il n'y eut aucune réponse. Il est rare qu'une personne ne reconnaisse pas l'information communiquée. Mais, si j'en crois mon expérience, lorsque cela se produit, c'est que la personne dans l'auditoire a compris l'information mais est trop bouleversée par sa précision et ne souhaite pas être exposée aux regards du public ou que l'information ne sera interprétée correctement qu'après coup.

Ce soir-là, la deuxième hypothèse se révéla juste. Après avoir fait une démonstration de deux heures, j'ai souhaité le bonsoir à tout le monde. Alors que je me préparais à partir, un homme aux cheveux foncés vint me saluer.

« Veuillez m'excuser… je m'appelle Ed Auger. »

« Bonsoir, puis-je vous aider ? » répondis-je.

« Je me demandais si le message concernant la femme décédée au Mexique ne me serait pas destiné. Ma mère est décédée dans un accident de la circulation au Mexique, toutefois, ce n'était pas un autobus qui était en cause, mais un camion. »

« Non, cette femme m'a très clairement montré un autobus. Il y avait une inscription sur le côté de l'autobus. Êtes-vous certain que c'était un camion ? » lui ai-je dit.

« Oui, je crois, mais je vais m'en informer auprès de mon père. Merci beaucoup. »

Sur ces mots, il sortit de la pièce et nous sommes partis chacun de notre côté. Un mois plus tard, Ed me demanda au téléphone d'urgence. Il me dit qu'il avait parlé à son père qui se trouvait à Mexico et que celui-ci lui avait confirmé que la collision s'était produite avec un autobus. Il envoya même à Ed une copie de la coupure de journal rapportant l'événement. Consterné de n'avoir pas reconnu le message de sa mère la première fois, Ed espérait ne pas l'avoir déçue. Il m'expliqua que s'il n'était pas certain de l'information, c'est qu'il n'avait que deux ans au moment de l'accident. Nous avons pris rendez-vous dans l'espoir qu'Ed puisse retrouver la mère qu'il connaissait à peine.

« Ed, votre mère était une très jolie femme. Elle avait des yeux bruns magnifiques et des cheveux brun foncé. Je la vois les ramener vers l'arrière. »

« Elle a cette apparence sur la seule photo que je possède d'elle », répondit Ed.

« Eh bien, votre mère n'est pas d'accord avec ce que vous dites. Elle soutient que vous avez une autre photo d'elle dans votre salon. »

« Pas à ma connaissance. »

« Elle dit que ce n'est pas une photo ordinaire. Elle a quelque chose de spécial. C'est drôle, elle mentionne qu'elle a été prise juste avant qu'elle épouse votre père. Savez-vous s'il existe une peinture de votre mère ? »

« Mon Dieu, oui. Dans mon salon, j'ai un portrait de ma mère alors qu'elle avait dix-neuf ans, juste après qu'elle eut fait la connaissance de mon père. »

« Elle rit et dit que vous apportez un soin si minutieux à tout ce qui se trouve dans ce salon. Elle me fait voir aussi des masques. Je crois qu'il s'agit de masques tribaux. »

« Oui, ils sont accrochés sur le mur en face de sa peinture. Je collectionne les masques africains. C'est tout bonnement incroyable ! »

« Elle parle de votre père. Il aurait une sorte de médaille. Un instant, que je mette les choses au clair. Très bien, votre père aurait-il reçu une décoration, une médaille ou un ruban ? »

Ed n'en était pas sûr.

« Votre mère était issue d'une famille très respectée. Je pense qu'ils étaient très connus dans le monde politique. Est-ce que cela vous semble juste ? »

« Oui, c'est tout à fait exact. À Mexico, mon père occupait une fonction comparable à celle de maire. C'était un homme haut placé et influent. »

« Elle essaie aussi de me dire son nom. Elle me donne trois noms distincts. En espagnol. Y en a-t-il un qui ressemble à Camille ou Camilla ? »

« Incroyable. Elle s'appelait Camilla Dolores Garda. »

« Oh, parfait. C'est très bien. Votre mère est une excellente communicatrice. »

Après quelques minutes de silence, je repris : « Je suis désolé de vous dire ce qui suit, mais je dois vous transmettre précisément ce que je reçois. Je ne censure aucun message. »

« Non, c'est bien, allez-y. »

« Savez-vous si votre mère a été forcée de se marier ? »

« Que voulez-vous dire ? »

« Eh bien, elle parle d'un mariage forcé. »

Ed était sous le choc. C'était la première fois qu'il en entendait parler et il avait de la difficulté à y croire. Je lui dis que j'avais peut-être mal interprété et lui conseillai de demander à son père. La séance se poursuivit encore quelque temps. Sa mère parla d'une bague de diamants, des activités de Ed dans le monde de la finance ainsi que de son récent déménagement.

Si Ed était satisfait à l'issue de la rencontre, il demeurait perplexe. Quelques jours plus tard, il téléphona pour dire qu'il avait eu un entretien avec son père au sujet de notre rencontre. Son père confirma qu'il avait reçu une médaille alors qu'il était dans l'armée, précisant qu'il la gardait dans un tiroir de sa chambre avec la bague de diamants qu'il avait offerte à sa femme.

Ensuite, Ed expliqua le message concernant le mariage forcé de sa mère. En fait, le père de Ed s'était remarié deux ans après la mort de sa mère. Celui-ci lui confia qu'il avait dû épouser cette femme après qu'elle était devenue enceinte ; s'il avait agi autrement, il aurait ruiné la réputation de sa famille. Son père ne s'en était ouvert à personne et avait toujours gardé ce secret de famille.

Ed était convaincu d'être entré en communication avec sa mère. Cela le rendait heureux de savoir qu'elle était toujours à ses côtés et qu'elle serait là à l'attendre quand viendrait son tour de réintégrer le monde spirituel. Il disait avoir hâte d'arriver au jour où ils seraient de nouveau ensemble et pour l'éternité.

6

Le sida

Depuis qu'on écrit l'histoire, chaque génération humaine a dû faire face à des épidémies plus terribles les unes que les autres. Il est malheureux que je doive consacrer un chapitre au sida, mais le sujet est devenu incontournable dans la société actuelle. Il a rejoint le cancer et les maladies de cœur aux premiers rangs des maladies les plus meurtrières. On m'a souvent posé les questions suivantes : *Pourquoi le sida existe-t-il ? Quels enseignements devons-nous en tirer ?* On a écrit des centaines d'ouvrages pour tenter d'élucider ces questions. Mes connaissances sur le sujet étant limitées, je n'oserais pas proposer dans cet ouvrage une explication sur l'origine du sida. Je crois qu'il existe un ensemble de raisons trop complexes et que ce sont des questions auxquelles il n'est pas facile de répondre. Je ne peux que transmettre au lecteur les connaissances que j'ai acquises sur cette maladie d'un point de vue spirituel – qui m'ont été communiquées par ceux qui ont franchi le seuil de la mort et ont expliqué les raisons pour lesquelles ils ont dû passer par l'expérience du sida.

Permettez-moi de revenir sur un point. *Toute* la création procède de la pensée universelle. Bien qu'elle soit invisible, la pensée existe. Comme je l'ai fait observer précédemment, il existe une loi universelle de cause à effet invariable, un peu comme l'énergie qui met en mouvement notre univers. En d'autres termes, notre pensée crée les circonstances de notre vie. Très peu d'entre nous vivent la vérité qui fait leur être. Au lieu de cela, nous faisons mauvais usage de notre propre pensée. Ceux qui prêchent la vérité semblent eux-mêmes incapables de vivre selon les pieux principes de leur philosophie. Aussi, au lieu d'associer nos pensées aux idéaux de l'amour divin inconditionnel, nous transformons notre énergie en intolérance et en idées toutes faites.

Trop de personnes semblent obsédées par l'idée de se substituer à Dieu sur la terre. Certains usent de leur pouvoir matériel pour asseoir leur autorité et dominer autrui. Le pouvoir égoïste n'intéresse que l'ego et celui-ci peut le trouver n'importe où – dans la salle de réunion d'un conseil d'administration ou d'une commission gouvernementale ou dans la chaire d'une église. Le pouvoir va de pair avec la conviction qu'une certaine richesse matérielle nous permet de nous distinguer ou d'accroître notre mérite personnel. Nous savons tous que certains d'entre nous se sont enrichis et s'enrichissent encore en exploitant d'autres êtres humains. En dernière analyse, il nous appartient, en tant qu'individus, de reconnaître que notre valeur et notre mérite ne se mesurent pas au contenu de notre compte en banque, aux dimensions de notre demeure ou au nombre d'automobiles que nous possédons. En passant dans l'au-delà, la seule question à laquelle nous devrons répondre portera sur notre *capacité d'aimer*.

Nous sommes *tous* égaux. Dieu n'a pas élevé un groupe au-dessus d'un autre. Quand nous aurons le courage d'être conscients, notre compréhension et notre compassion s'approfondiront et chaque personne nous apparaîtra comme une parcelle de l'énergie divine universelle. Disparaîtront alors la haine et les préjugés quant à la couleur, la race ou l'orientation sexuelle d'une personne. Dieu est illimité. Seuls les humains limitent leur pensée. Je crois pour ma part qu'en répandant la haine, les préjugés et l'intolérance nous avons contribué à la propagation du sida. Nos opinions erronées sont la cause du sentiment général de malaise et de la confusion qui règnent aujourd'hui dans notre monde.

Les gens demandent souvent s'il existe un remède contre le sida. Je leur réponds *oui*. Il existe un remède à toutes les maladies qui nous affligent, mais pour trouver la guérison, il est indispensable de nous détacher de nos attitudes égoïstes et de commencer à nous respecter et nous aimer les uns les autres.

Même s'il s'agit d'une terrible maladie, l'état physique connu sous le nom de sida ouvre également les avenues de la croissance et de l'éveil spirituels. Jadis associé aux gays, le sida touche aujourd'hui toutes les couches sociales. Dans l'ensemble de la planète, les gens se sont montrés peu disposés à reconnaître l'ampleur du phénomène. Cependant, nous commençons enfin à être sensibilisés au fait que le problème du sida nous concerne tous. Le sida nous enseigne la tolérance, la compréhension et l'acceptation de l'autre.

Ce processus fait également ressortir chez les individus certains aspects de la personnalité ou du tempérament qu'ils n'imaginaient pas posséder. Combien de personnes séropositives mettent en question, entre autres, leur vie spirituelle, leur place au sein de l'univers, leur peur de l'inconnu et, ce qui est plus important, l'élément amour. C'est dans les périodes de grande tension que l'âme progresse le plus. Cela vaut non seulement pour ceux qui sont affligés, mais aussi pour leur famille et leurs amis.

Lors des séances avec des esprits décédés de cette maladie, plusieurs ont expliqué les raisons pour lesquelles ils avaient eu à vivre cette expérience. En guise d'introduction au message qu'ils allaient délivrer, les esprits expliquaient que leur chemin de vie avait été tracé longtemps avant leur venue sur terre. Plusieurs ont affirmé qu'ils contribuaient à neutraliser le karma négatif de cette planète créé par les préjugés et les comportements fautifs que nous avons les uns envers les autres. Les gens qui sont morts du cancer m'ont dit la même chose.

Ce chapitre est dédié à tous ceux qui sont atteints de cette maladie dévastatrice ; à tous ceux qui leur sont venus en aide et ont partagé leur souffrance ; et à tous ceux qui ont perdu un être cher de façon aussi déchirante.

La petite fille

Il importe de signaler que les dons de communication de l'esprit comptent pour beaucoup dans le succès de la séance. La séance suivante se révéla fort impressionnante pour deux raisons précises. Premièrement, en plus de s'exprimer avec clarté et concision, l'enfant comprenait très bien le mécanisme de la communication. Deuxièmement, toutes les fois que des enfants se manifestent, ils le font avec ingénuité et innocence.

J'ai reçu un jour un appel téléphonique d'une femme portant le nom de Miriam qui me suppliait de l'aider. Elle semblait tourmentée et me révéla que sa petite fille était devenue séropositive à la suite d'une transfusion sanguine et qu'elle était morte du sida. « J'ai besoin de savoir que mon bébé va bien pour recommencer à vivre », dit-elle. Quelqu'un s'était décommandé à la dernière minute, ce qui me permit de lui fixer un rendez-vous.

À son arrivée, Miriam me prévint qu'elle connaissait peu de chose sur mon travail. Elle était au bout du rouleau et elle ajouta que toute personne capable de lui apporter ne serait-ce qu'un rayon de lumière lui serait d'un grand secours. Je l'invitai à s'asseoir et lui expliquai en détail ce à quoi elle devait s'attendre ainsi que ma façon de procéder. Elle était un peu nerveuse, mais, après avoir constaté que je n'étais pas un imposteur et qu'elle n'avait pas à se sentir menacée, Miriam parvint à se détendre et à laisser l'expérience se dérouler.

Après avoir récité ma prière habituelle, je débutai la séance. Plusieurs minutes s'écoulèrent avant que je commence à entendre quelques pensées chuchotées dans ma tête.

« Je crois pouvoir affirmer que votre petite fille est ici. Elle a de longs cheveux châtains, des yeux verts brillants et un sourire adorable. Elle paraît un peu gênée. »

En larmes, Miriam répondit : « Est-ce que c'est elle ? C'est bien elle ? »

« Elle dit oui. »

« Comment puis-je le savoir ? Je veux dire… Peut-elle me dire quelque chose ? »

Je poursuivis : « On me donne le nom de Bethie. »

Miriam pleurait sans pouvoir s'arrêter. « Oui, c'était son surnom. Je l'appelais Bethie, mais en réalité, elle s'appelait Elizabeth. »

« C'est bizarre… Elle tient quelque chose que j'ai du mal à distinguer. Attendez. Oh, dites-moi, avait-elle des animaux en peluche ? »

« Oui, il y en avait dans sa chambre. »

« Elle dit que vous lui avez donné un petit animal. Un instant ! Elle me le montre. Euh… cela ressemble à un poney rouge. Est-ce que c'est possible ? »

« Non, je ne me rappelle pas qu'elle ait eu un poney rouge. Remarquez que c'est possible, mais je ne m'en souviens pas. »

J'ai alors demandé à Bethie par télépathie de m'en dire davantage sur cet animal. Au bout de quelques minutes, je repris :

« Bethie me fait voir une chambre d'hôpital et vous êtes là, tenant un poney rouge. »

Ce fut le déclic. Miriam acquiesça : « Oh oui, bien sûr. John et moi l'avons acheté pour elle, et elle l'a gardé pendant tout son séjour à l'hôpital. Je suis désolée de n'avoir pu me souvenir. »

« Il faut dire que votre fille est très éveillée et qu'il ne fait aucun doute qu'elle avait une mission en venant sur terre. J'aime son énergie et son appétit de vivre. Jamais vous n'auriez imaginé qu'elle mourrait si jeune. »

Miriam fit un signe de tête affirmatif et essuya ses larmes.

« Elle parle d'un camp. Vous souvenez-vous qu'elle ait été à un camp ? »

« Oui, l'été dernier. »

« Y a-t-il le mot *reindeer* dans le nom du camp ? »

« Non, il s'agit du Camp Rainier. »

« C'est assez proche. Votre fille me montre une médaille sur laquelle il y a un ruban. Cela vous dit quelque chose ? »

« Oui, dit Miriam dans un souffle. Elle a reçu une médaille. Je l'ai regardée tout à l'heure. Elle a fait de l'aviron et elle a remporté le championnat. »

« Oui, ce matin, elle était avec vous dans la chambre lorsque vous l'avez sortie de la boîte », répondis-je.

Miriam avait du mal à croire ce qu'elle venait d'entendre.

« Elle vous demande d'embrasser John pour elle et veut vous dire qu'elle est d'accord avec votre décision. Je suis désolé, mais je ne vois pas ce qu'elle veut dire. »

Miriam fut de nouveau au bord des larmes. Elle me fixa et dit : « Je viens de dire à John que j'acceptais de l'épouser, mais je n'étais pas certaine que ma petite fille approuverait. »

« Elle dit oui en ajoutant qu'elle a vu John se pencher et l'embrasser sur le front lorsqu'elle est morte à l'hôpital. »

Après la transmission de plusieurs autres faits d'une éclatante vérité, je demandai à Miriam si elle avait des questions.

« Oui. Quand j'irai au ciel, est-ce que ma petite fille y sera ? »

À cet instant, la tendresse et la beauté de l'émotion qui rayonna de Bethie me bouleversa. Elle me demanda de dire à sa mère que non seulement elle serait là pour l'attendre, mais qu'elle viendrait la chercher et l'amènerait vivre au ciel avec elle.

À l'issue de la séance, Miriam était tout sourires. Elle ne put se retenir de me serrer dans ses bras et de m'exprimer toute sa reconnaissance. Confiante que sa petite fille était en sécurité et bien vivante, elle sentait que sa vie pouvait enfin recommencer. Autrefois réduite au désespoir, Miriam avait maintenant le cœur en joie.

Le cœur

Ce qu'il y a de merveilleux avec mon travail, c'est qu'en plus d'avoir éclairé les gens sur la réalité de la vie après la mort, il m'a aussi permis d'être le témoin de transformations extraordinaires et miraculeuses chez certaines personnes. La séance suivante est l'une des expériences les plus touchantes qu'il m'ait été donné de vivre concernant l'amour éternel.

Il m'arrive souvent de recevoir des informations que le consultant mettra un certain temps à comprendre. C'est ce qui s'est produit lors de la consultation que j'ai accordée à un jeune homme du nom de Tom. Au moment où je me mettais au diapason de son énergie personnelle, j'ai remarqué un jeune homme qui se tenait à sa droite. Celui-ci commença à décrire les circonstances de sa mort, qui m'étaient totalement inconnues avant le début de la séance.

« J'ai ici un jeune homme qui vous témoigne beaucoup d'amour. Il se tient à votre droite. Il a les yeux bleus, les cheveux bruns et porte la barbe. Il est mort assez jeune, prématurément, semble-t-il. Euh... savez-vous de qui il s'agit ? »

« Oui, je crois », répondit Tom.

« J'ai l'impression qu'il est inconscient, comme si on lui avait administré un calmant, quelque chose comme de la morphine. »

« Oui, c'est ça. »

« Je ressens aussi qu'il avait du mal à respirer. Je crois qu'on a dû lui donner de l'oxygène. Je sens une grande faiblesse. Cela ressemble au sida. Est-ce que vous voyez un sens à tout cela ? »

Tom s'est mis à pleurer. « Oui, je comprends. C'est ainsi qu'il est mort. »

« Il vous transmet son amour et dit qu'il est toujours près de vous. Il a tenté de vous faire savoir qu'il était là, mais vous ne le voyez pas et il en est très frustré. Il dit que vous avez eu une promotion à votre travail. »

« Euh, oui, l'autre jour, le directeur m'a parlé de cette possibilité. »

« Votre ami s'amuse. Il prétend qu'il vous a aidé à obtenir cette promotion et qu'à présent vous avez une dette envers lui. »

Cela fit rire Tom.

« Le nom de Gary vous est-il familier ? »

« C'est son nom ! »

« Il parle du jardin devant la maison ainsi que des fleurs que vous voulez y planter. Je le vois arroser le gazon en disant que vous n'avez pas choisi les fleurs qu'il fallait. Savez-vous ce que cela signifie ? »

« Oui, je pense. La semaine dernière, je suis allé chez le pépiniériste et j'ai acheté quelques fleurs pour le jardin. Je les ai apportées à la maison, mais je ne les ai pas encore plantées. »

« Pourquoi ? » lui demandai-je.

« En revenant à la maison, je les ai placées à côté

des autres fleurs. Les couleurs ne se marient pas bien, je devrai donc les retourner. Gary prenait grand soin de son jardin et avait l'habitude de l'arroser tous les jours. Je savais que cette combinaison de couleurs ne lui plairait pas. Je n'ose pas planter des fleurs qui ne s'accordent pas avec ses goûts. Il n'aimerait tout simplement pas ! »

« Et il n'aime pas, en effet », m'exclamai-je.

Nous avons ri ensemble.

« Il me dit que vous avez regardé à l'intérieur de certaines boîtes qui se trouvent dans le garage. Il me montre des albums de photos. Est-ce possible ? »

« Oui, c'est ce que j'ai fait cette semaine. Je songe à déménager et je voulais faire le tri des choses que je désire garder. »

« Selon Gary, vous avez déjà parlé à quelqu'un de la vente de la maison et il y a une maison derrière l'endroit où vous habitez actuellement qui vous intéresse. »

« Je ne comprends pas. »

« Gary dit d'attendre, vous comprendrez. Il me montre deux cœurs entrelacés. Y a-t-il quelque chose de ce genre dans votre chambre ? »

Ces cœurs ne lui évoquaient rien. Il fit mentalement le tour de la maison et ne trouva rien qui corresponde à ce que j'avais décrit. Je lui ai dit que tout s'éclairerait peut-être plus tard.

« Gary veut que je vous dise qu'il vous aime énormément et qu'il vous aimera toujours. Il souhaite que vous sachiez qu'il est toujours avec vous. »

Tom exprima à son tour son amour à Gary et sa joie de le savoir près de lui.

« Gary vous manifestera sa présence à vos côtés par un signe quelconque. »

« Ce serait génial. J'ai hâte de voir cela. »

La consultation prit fin sur ces mots. Tom m'assura qu'il sortait très soulagé de la séance. Il avait reconnu la personnalité de Gary à plusieurs reprises au cours de la communication. Après m'avoir remercié, il s'en alla de son côté.

Quatre mois plus tard, Tom vint de nouveau me voir et me fit part d'un événement surprenant. Après notre rencontre, il était rentré chez lui, avait rangé l'enregistrement et n'avait plus pensé à la séance. Trois semaines plus tard, on lui accorda la promotion annoncée par Gary. Tom poursuivit son explication : « Ma collègue m'a remis deux cartes. D'abord une carte de félicitations pour la promotion obtenue. Puis elle a dit : "Il est arrivé une chose étrange." En quittant la boutique, elle s'était arrêtée devant une autre carte et n'avait pu résister à l'acheter. Elle ignorait pourquoi, mais elle savait intérieurement qu'elle devait me l'offrir. En ouvrant la carte, j'ai vu deux cœurs entrelacés. À l'intérieur, il y avait ce message imprimé : JE T'AIME.

Tom expliqua que cette carte lui laissait une impression de déjà-vu, aussi, en rentrant à la maison, il examina toutes les boîtes contenant les lettres et les cartes que Gary lui avait écrites. En les ouvrant, il comprit quel sens il devait donner à cette carte. Toutes avaient été signées de la même façon : JE T'AIME... *Gary*.

Maman, papa... c'est moi !

Plusieurs personnes que je rencontre font preuve d'un extrême scepticisme. En général, leur système de croyances ne leur permet pas d'envisager la possibilité que la vie ne s'arrête pas avec la mort. Mon travail défie la plupart des croyances traditionnelles s'appuyant sur des années d'intolérance et d'idées reçues.

Chaque créature vivante est entourée par un champ d'énergie auquel on donne le nom d'*aura*. Lorsqu'un esprit vous rend visite, il vous perçoit comme une forme énergétique. Il distingue non seulement votre corps physique (votre visage, votre poitrine, vos jambes, etc.), mais aussi plusieurs autres niveaux de votre être. L'aura lui permet de voir vos corps émotionnel, mental et spirituel ainsi que l'état de chacun de ces corps. Dans le champ de l'aura sont contenus tous vos sentiments, vos pensées, vos paroles, vos actions ainsi que votre état physique. C'est pourquoi les esprits sont en mesure de communiquer des informations sur tout problème de santé, maladie ou difficulté émotionnelle que vous pouvez vivre. Ces informations seront données surtout si les esprits ressentent qu'il est possible de venir en aide à l'individu. Un esprit peut également retransmettre toute autre information enregistrée dans l'aura, par exemple des événements du futur auxquels vous avez songé.

La séance qui suit a complètement transformé le mode de pensée de mes clients. Une fois de plus, je répète que je ne peux répondre ni de la teneur du message ni de l'identité de l'esprit. Contre toute attente, un esprit s'est présenté avec ce qui m'apparut comme un message extraordinaire. Le couple, Vivian et Paul Strauss, était assis en face de moi. Leur scepticisme était évident, aussi ai-je commencé immédiatement.

« Bon, j'ignore bien sûr avec qui vous souhaitez entrer en communication, mais il faut que je vous demande… avez-vous perdu une fille ? »

Ils se regardèrent d'un œil inquisiteur avant de porter de nouveau leur regard sur moi. Vivian prit la parole.

« Non, mais qu'avez-vous sur ce sujet ? »

« Près de vous, il y a une fille, une jeune fille d'une vingtaine d'années. Désolé, je ne peux avoir son nom. Voyons un peu. Peut-être me dira-t-elle son nom. »

Nous avons attendu quelques minutes.

« Vivian, il y a ici une dame plus âgée. Elle est proche de votre mère et me parle de Chicago ? »

« Oui, c'est ma grand-mère, ma grand-mère maternelle. Elle habitait à Chicago. Que dit-elle ? »

« Elle se fait du souci pour votre mère. Votre mère souffre-t-elle d'un problème oculaire, ou vient-elle tout juste de prendre rendez-vous avec un ophtalmologue ? »

Paul commença à s'agiter dans son fauteuil. L'information lui porta un coup et il prit la parole.

« C'est tout à fait exact. »

« La dame mentionne que vous avez des ennuis avec votre mère – vous ne lui adressez plus la parole. Si j'ose m'exprimer ainsi, votre mère peut être envahissante et vous vous disputez souvent toutes les deux. Est-ce possible ? »

Ils n'arrivaient pas à le croire. J'avais brossé un tableau exact de la situation.

« C'est vrai, je ne m'entends pas aussi bien que je le voudrais avec elle, admit Vivian. Il n'est pas facile de lui parler. »

« Votre grand-mère, sa mère, souhaite que vous agissiez mieux envers elle et vous demande de montrer plus de compréhension. »

Le couple marqua son accord par un signe de tête. Je continuai : « La dame vous envoie beaucoup d'amour. Qui est Paul ? »

« C'est mon nom », répondit Paul.

« Il y a une autre personne dans le monde spirituel qui porte ce nom. »

Vivian et Paul échangèrent un regard. Je voyais leurs yeux s'emplir de larmes.

« On me dit que c'est votre fils. Est-ce exact ? »

« Oui, c'est vrai. »

« Paul, je veux vous répéter ce que votre garçon me dit à l'instant. Vous devez faire plus attention à vous. Il s'inquiète beaucoup de votre santé. Il dit que vous n'avez pas accepté sa mort, que vous vous cramponnez à votre peine et ne lui permettez pas de s'exprimer, ce qui est néfaste pour votre santé. Vous devez sortir et faire autre chose. Aimez-vous faire du jardinage ? »

« Oui. »

« Votre fils veut que vous plantiez des fleurs devant la maison. »

« J'y pensais justement l'autre jour. »

« Il vous a mis cette idée en tête. »

Le couple posa sur moi un regard vide. De toute évidence, ils étaient touchés par la précision des informations et étaient suspendus à mes lèvres.

« Cela vous semblera peut-être bizarre, mais je dois vous dire que votre fils a une amie de l'autre côté. »

Vivian cacha son visage avec ses mains ; elle se mit à pleurer.

« C'est vrai. Est-ce qu'elle va bien ? » murmura-t-elle.

J'avais du mal à comprendre la situation, aussi ai-je demandé aux parents des éclaircissements sur ce message.

« Est-ce que son amie est morte elle aussi ? »

« Oui, plusieurs mois après notre fils. Nous la considérions comme notre fille », expliqua Vivian.

« Mon Dieu ! C'est incroyable, ai-je répondu. Elle veut que vous sachiez qu'ils sont ensemble. Oh, c'est la jeune femme qui s'est présentée plus tôt dans la séance. »

Ils ont tous deux fait signe que oui de la tête. La séance se poursuivit encore un peu et la communication porta sur les traits de la personnalité de leur fils ainsi que sur les circonstances de sa mort.

« Vous savez, votre fils semble un peu fou. Il lui était difficile de s'assagir. Je sais qu'il a cette jeune fille avec lui, mais on ne peut nier qu'il ait eu un grand nombre d'aventures. »

« Oui, vous avez raison. Il les collectionnait, ou du moins c'est ce qu'il prétendait. »

« Je crois qu'il aimait la musique. Si je vous parle d'une guitare dans le garage, cela vous dit quelque chose ? »

« Oui, nous l'avons regardée dernièrement. Paul voulait faire partie d'un groupe. Il pratiquait sans arrêt », répondit Paul.

« Il dit de la regarder en rentrant à la maison. Vous verrez que la deuxième corde est brisée. »

Paul n'en était pas certain, mais il assura qu'il vérifierait.

« Il me parle d'une voiture. Avez-vous une camionnette ? »

« Oui. »

« Il parle de pneus neufs ou d'achat de pneus neufs ou que les pneus ont besoin d'être remplacés ? »

J'ai cru que cet homme allait avoir une attaque. Son visage devint blanc comme un linge.

« Je les ai fait poser vendredi dernier. »

« Votre garçon demande de faire vérifier les phares avant, il y en a un qui a besoin d'être remplacé. »

« Oh, mon Dieu, je l'avais justement remarqué hier soir. »

Le couple n'en revenait tout simplement pas.

« Votre fils est mort assez brusquement. J'éprouve une sensation bizarre dans ma tête, comme si j'étais drogué. Mais je n'ai pas l'impression qu'il est mort d'une surdose, mais plutôt d'un problème physique interne. Il répète qu'il n'a pas souffert très longtemps et qu'il en est très heureux. A-t-il eu des ennuis avec son sang ? »

« Oui ! »

« Avait-il le sida ? »

Ils se mirent de nouveau à pleurer.

« Oui. »

« Ce qui est étrange, c'est que la plupart des personnes qui ont souffert du sida et qui se manifestent à moi ont été longtemps malades avant de mourir. Ce n'est pas ce que je ressens dans le cas de votre fils. Je veux dire, il semble avoir contracté la maladie et être mort très rapidement.

« Oui. Il a découvert qu'il avait le sida, puis il a été admis à l'hôpital une semaine plus tard et il est mort. Ce fut très rapide », répondit le père.

« Cette jeune femme est-elle également morte du sida ? » demandai-je.

« Oui », dit la mère.

« Elle souhaite vraiment vous dire son affection et saluer Carrie. Comprenez-vous ? Elle veut lui transmettre son amour et la remercier. »

« Carrie est sa mère. »

« Votre fils souhaite vous dire qu'il regrette que vous ayez dû traverser cette épreuve et qu'il va bien à présent. Il va faire de la musique. »

Vivian et Paul se rapprochèrent et se prirent les mains. Leur prière avait été exaucée, ils avaient entrevu un monde nouveau. Leur fils ne leur serait jamais rendu, mais, à travers moi, ils avaient eu la preuve qu'il vivait dans l'au-delà. Le processus de guérison pouvait maintenant s'amorcer en eux. Les relations de Vivian avec sa mère se sont beaucoup améliorées depuis la séance et Paul s'est mis à cultiver son magnifique jardin de fleurs, où il s'assoit, médite et contemple la vie sous un jour nouveau.

Au revoir, Baby

Comme je l'ai mentionné précédemment, il m'est impossible de savoir quelle partie de la séance aura le plus d'impact sur un client. Une bonne part des informations semblent banales, mais, bien sûr, je suis conscient que celles-ci sont données comme preuves. Lorsque je reçois un message en pensée, il m'arrive quelquefois d'essayer de trouver une explication logique à l'information, parce que je crois l'avoir déformée ou parce qu'elle m'apparaît trop futile. Pourtant, je découvre ensuite que ce mot, cette phrase ou cette description revêtaient une signification particulière pour le client. Bien que j'aie consacré des années à cette activité, je constate que j'apprends encore à avoir confiance en ma liaison avec le monde spirituel. La séance suivante illustre à merveille comment la vie d'une personne peut être transformée à jamais par un détail anodin.

Je participais à une réunion qui se tenait chez une femme habitant à San Bernardino, en Californie. Après avoir accordé des consultations à trois personnes du groupe, je me suis tourné vers une jeune femme assise seule sur un divan. Elle s'appelait Laurie. Pendant une trentaine de minutes, je lui transmis un message de sa grand-mère. Celle-ci fit une description des possessions familiales, précisa quelles personnes détenaient des objets lui ayant appartenu et indiqua où se trouvaient ces articles à l'intérieur de la maison.

J'allais conclure lorsque l'esprit d'un jeune homme se manifesta. Ce dernier vint s'asseoir aux côtés de la fille et il sembla prendre sa main dans la sienne. Il commença à me transmettre des informations.

« Il faut que je vous dise que je vois un homme assis près de vous. Il dit qu'il est la raison pour laquelle vous êtes venue ici ce soir. Comprenez-vous cela ? »

J'ai cru qu'elle allait s'évanouir. Son visage devint pâle et elle eut peine à retenir ses larmes.

Laurie entrouvrit les lèvres, puis elle dit : « Oui, est-il ici ? »

« J'ai ici un homme qui dit vous aimer et dit regretter énormément. Il regrette ce qu'il a fait. »

Laurie essuya ses larmes et me regarda avec un sourire radieux.

« Il me donne un *M* comme première lettre d'un prénom. C'est un *M* au début et un *Y* à la fin ? »

« Oui, c'est ça. Il s'appelle Marty. »

« C'était votre amoureux ? »

« Oui. »

« Il parle de difficultés… et dit qu'il n'a pas été franc avec vous sur certains points. »

« Je sais. Ça va. Dites-lui de ne pas s'en faire. »

J'ai alors expliqué à Laurie qu'elle pouvait lui adresser des pensées elle-même et n'avait pas besoin de moi pour les lui communiquer.

« Marty me donne l'impression d'être un dur. Il a un excellent sens de l'humour, mais il n'y a pas à dire, c'est un humour un peu tordu. Comprenez-vous ? Je veux dire… il dit des choses complètement bizarres et il se pourrait que les gens interprètent mal ce qu'il essaie de dire. »

Laura eut un sourire entendu et mentionna que les gens étaient souvent « déboussolés » par ses propos.

« Il mentionne que vous étiez censés vivre ensemble, mais que vous n'avez pas pu, ou que cela a posé des problèmes. Il me dit qu'un trop grand nombre de gens ont tenté de s'en mêler. Est-ce que vous comprenez ? »

« Eh bien, ma mère n'aimait pas beaucoup Marty et elle ne voulait pas que nous soyons ensemble, c'est pourquoi elle nous a fait un tas d'histoires lorsque nous avons parlé d'aller vivre ensemble. »

« Il comprend. Il me dit qu'il avait eu un passé un peu mouvementé, mais que vous l'avez aidé à s'assagir. Je crois qu'il avait des fréquentations douteuses. »

Laurie signifia son accord d'un signe de tête.

« Je crois qu'il prenait beaucoup de drogues. Je pense que c'est ainsi qu'il a contracté le virus – en partageant des seringues. Est-ce que vous savez quelque chose à ce sujet ? »

« Je ne sais rien. Il ne voulait pas en parler. Je suppose que c'est ainsi qu'il l'a attrapé. Il était loin d'être un ange avant notre rencontre. »

« Il dit que vous êtes le plus beau présent que la vie lui ait offert. Ce qu'il y a d'ironique, c'est qu'il me parle de fiançailles. Aviez-vous prévu de vous marier ? »

Laurie recommença à pleurer.

« Nous en parlions. Il disait qu'il désirait se marier et nous pensions à déterminer une date. »

« Il me parle d'une bague de fiançailles qu'il avait choisie pour vous l'offrir. »

Laurie fondit en larmes. Plusieurs minutes s'écoulèrent avant qu'elle ne nous montre une bague de fiançailles avec diamant suspendue à son cou par une chaînette.

À travers ses larmes, elle expliqua : « Sa mère trouva cette bague avec une lettre qui m'était adressée. Il prévoyait de me l'offrir le jour où il est mort. »

Dans la pièce, tous eurent le souffle coupé. J'ai attendu quelques minutes jusqu'à ce que Marty fournisse d'autres informations.

« Il veut vous remercier de vous être occupée de lui. Vous l'avez aidé à se laver, à se nourrir ? »

« Oui, j'ai pris soin de lui. Personne ne voulait le faire. Ça ne me gênait pas ; je l'aimais. »

« Vous avez été très bonne. Vous avez été soumise à un test spirituel et vous l'avez réussi. »

Dans les dernières minutes de la séance, Marty continua de remercier Laurie de l'avoir remis sur le droit chemin et de l'avoir aidé au cours de sa maladie. Il voulait lui faire comprendre qu'il l'aimait toujours. Laurie savait qu'elle parlait à l'esprit de son amoureux, toutefois, je sentais chez elle une certaine réserve. Mon énergie s'épuisait et mes guides m'avisèrent de ne pas en faire davantage ce soir-là.

Après avoir remercié tout le monde, je me suis tourné vers Laurie et je lui ai dit : « Marty vous dit au revoir, *Baby*. »

Laurie se leva et poussa un cri aigu. Je lui demandai si elle allait bien et elle s'exclama : « Hier soir, quand je pensais à Marty, je lui ai dit : Si ce gars est sérieux et que tu te manifestes, appelle-moi par mon surnom. Et mon surnom est *Baby*. »

À ces mots, nous avons tous eu le souffle coupé et avons tous secoué la tête d'étonnement devant ce que l'esprit et le pouvoir de l'amour peuvent accomplir.

7

Le suicide

C'est la somme de tout ce que nous avons vécu qui fait de nous ce que nous sommes en tant qu'êtres humains. En d'autres termes, notre vie actuelle consiste en une compilation des pensées, des gestes et des actes positifs ou négatifs que nous apportons avec nous. Notre karma passé fait que nous nous réincarnons dans un environnement familial offrant les conditions économiques et la position sociale requises pour notre développement spirituel.

Avant de s'incarner sur la terre, l'âme se prépare à sa nouvelle existence dans les dimensions spirituelles. Il n'est pas rare que l'âme retourne à un champ d'activité dans lequel elle s'est investie au cours d'existences précédentes. Supposons qu'une âme projette de faire l'expérience de la vie terrestre en l'an 2021 en tant que professionnel de la santé. Elle passera du temps avec ses guides et ses instructeurs afin de perfectionner les aptitudes requises et à se renseigner sur les percées médicales et sur les nouvelles technologies qui seront disponibles à ce moment-là. Elle pourra aussi se tenir au courant des nouvelles maladies ou calamités qui atteindront l'humanité et apprendra comment répandre l'amour et la connaissance autour d'elle en exerçant la profession qu'elle envisage d'embrasser sur la terre. En s'éveillant à ces connaissances, l'âme intègre une nouvelle personnalité. Il est essentiel que l'âme comprenne l'importance de sa participation à l'avenir de l'humanité et la façon dont elle influencera la vie de plusieurs autres personnes.

Nous sommes des êtres spirituels et, à ce titre, nous ne cessons d'apprendre, de nous développer et d'évoluer. Notre prochaine incarnation nous apparaît un peu comme le programme de ce que nous tentons d'accomplir et d'apprendre en revêtant le corps physique. C'est pourquoi nous choisissons les occasions et les expériences terrestres les plus propices à la prise de conscience et à la croissance spirituelle. La date de notre prochaine incarnation ainsi que les expériences que nous y ferons sont inextricablement liées à notre karma.

En dernière analyse, nous sommes tous ici pour apprendre à aimer. Cela peut sembler élémentaire, mais, tout compte fait, c'est loin d'être facile. L'amour revêt de nombreux aspects. L'amour de soi constitue l'une des premières leçons de notre apprentissage. Sans la conscience de soi et l'amour de soi, nous ne saurons pas comment aimer autrui. Une fois que nous avons apprivoisé l'amour inconditionnel de soi et d'autrui, la lumière se fait dans notre âme et nous apprenons à respecter la loi de cause à effet – non pour améliorer notre position dans la vie, mais plutôt parce que nous savons que c'est l'unique voie. La compréhension et l'observance de cette loi nous amène à respecter mutuellement notre unicité. Alors, nous pouvons vivre en harmonie avec nos semblables pour le plus grand bien de tous.

Les penchants suicidaires

La terre offre la possibilité de connaître certains aspects et éléments de la condition humaine qu'il serait impossible d'expérimenter en aucun autre endroit. C'est un lieu de croissance, et la croissance n'est jamais facile. Survivre suscite des inquiétudes qui se révèlent un défi constant pour la plupart des vivants. Nous sommes bombardés de soucis financiers, de problèmes liés à l'emploi, à la vie émotionnelle ou à la santé. Bien des fois, ces préoccupations s'accompagnent de sentiments autodestructeurs. *Je suis incapable de passer à travers*, ou encore, *je serais bien mieux mort*, pensons-nous.

La majorité des gens ont au moins une fois dans leur vie des pensées suicidaires, ce qui n'a rien d'exceptionnel. Cependant, ce sentiment apparaît et disparaît selon que la situation change. Certains types de personnalité sont obsédés par l'autodestruction et font plusieurs tentatives pour mettre fin à leurs jours. Elles appartiennent en général à l'une des catégories suivantes :

1. Une personne dominatrice qui a le sentiment de n'être plus maître de sa situation personnelle.
2. Une personne ayant une piètre image d'elle-même. Comme elle a l'impression de ne rien apporter à la société, elle ne se reconnaît aucune valeur et pense que l'ensemble de la planète serait bien mieux sans elle.
3. Les malades en phase terminale qui veulent échapper aux souffrances et à la douleur de la mort.
4. Les personnes souffrant de maladie mentale ou d'un déséquilibre biochimique.

On peut comprendre qu'en raison de certains sentiments, circonstances ou croyances une personne puisse trouver une explication parfaitement logique au fait qu'elle veuille se suicider. Toutefois, du point de vue spirituel, elle aurait tort d'agir ainsi. À notre naissance, nous sommes tous appelés à une destinée particulière. Celle-ci peut durer un mois seulement, ou trente-cinq ans, ou quatre-vingts ans. Avant de revenir sur cette terre, notre âme se pénètre du désir de naître, de vivre l'expérience matérielle et, à notre entrée dans ce monde, un minuteur est intégré dans le réseau de notre psyché. Lorsque la vie s'interrompt brusquement, notre corps physique cesse d'exister, mais il faut savoir que les *liens magnétiques* qui nous unissent à la terre subsistent et ne se rompent que lorsque le temps que nous devions passer dans la dimension physique s'est écoulé. Car il est écrit qu'*il y a un moment pour chaque chose sous les cieux*.

Quand une personne se donne la mort, l'une des premières choses dont elle prend conscience, c'est qu'elle n'est pas morte. Elle est dominée par une pénible impression de pesanteur, parce que sa nature comporte encore des attaches terrestres. En un sens, son âme n'est pas entièrement libre. La personnalité mortelle meurt, mais non l'âme immortelle. Coincée entre le monde physique et le monde spirituel, l'âme est vivante, mais incapable de communiquer avec les êtres aimés ou n'importe qui d'autre. L'âme ressent de la culpabilité, de la peine et de l'anxiété pour avoir abrégé ses jours. Elle découvre quelle était la nature de sa destinée et comme son existence aurait été utile et riche de sens si elle était restée en vie. Dans la dimension spirituelle, elle apprend pourquoi il lui a fallu vivre les expériences précises qui l'ont poussée au suicide. De plus, elle sent la douleur et la colère de ceux qu'elle a laissés derrière elle. Le plus malheureux, c'est qu'elle se retrouve dans les limbes. Elle ne peut aller vers les mondes célestes ni retourner dans le monde physique. Prisonnière de l'entre-deux-mondes, hantée par le souvenir de son geste terrible, l'âme revoit sans cesse sa mort, comme un mauvais film. Elle est enfermée dans le cinéma et il n'y a pas de sortie.

Si certaines victimes sont conscientes de ce qu'elles ont fait, plusieurs suicidés ignoreront même qu'ils sont décédés. Dans l'ensemble, c'est systématique, ces âmes revivent leur mort à répétition. L'acte suicidaire se transforme en une boucle fermée et cela peut s'avérer insoutenable. Puis un jour, elles finiront par réaliser qu'elles sont bien mortes à la dimension physique.

Le point de vue spirituel du suicide

Chaque action trouve son origine dans une force agissante connue également sous le nom de mobile. C'est le cas pour le suicide, où le mobile constitue le facteur déterminant, mais aussi pour chaque action dans nos vies. Le mobile ouvre la voie à l'action, et les actions que nous créons s'appuient sur des mobiles. Ainsi que je l'ai affirmé plusieurs fois, il existe une loi naturelle de causalité. En d'autres termes, l'action résulte directement du mobile.

Dans certains cas, il arrive qu'une personne âgée ou en phase terminale souhaite épargner du temps, des dépenses financières et des peines à sa famille en choisissant de se suicider. Ces personnes ignorent la dimension spirituelle des actions qu'elles posent. Avant d'entrer dans la dimension physique, il est possible que les membres d'une famille aient mis en place certaines circonstances et situations leur permettant de liquider le karma du groupe. Ou qu'ils aient besoin de faire l'expérience du service auprès du malade. Certains vont même jusqu'à prétendre que le suicide assisté est la meilleure solution – il met un terme à la souffrance et confère une certaine dignité à la mort. Mais qui peut se substituer à Dieu ? Comment savoir si une âme n'a pas choisi de vivre l'expérience d'une maladie fatale pour éliminer son karma ? Si nous abrégeons la durée naturelle du séjour terrestre d'une personne, nous ne saurons jamais ce que nous aurait enseigné cette expérience ou encore si celle-ci était nécessaire pour gravir un nouvel échelon spirituel.

De toute façon, lorsqu'il y a suicide, l'âme devra revivre l'expérience et apprendre par elle, forcée de revenir une nouvelle fois à l'existence et de souffrir d'un mal identique ou semblable. La maladie pourra être moins aiguë que dans la vie précédente parce qu'elle a été vécue en partie. Le plus souvent, l'âme doit vivre une maladie jusqu'au bout pour ne plus jamais en être atteinte de nouveau.

Il y a deux cas où le suicide ne peut être considéré comme une faute :

1. Lorsque la personne qui commet un suicide souffre de maladie mentale ou d'un déséquilibre biochimique. Dans de telles circonstances, les personnes ne sont pas entièrement conscientes de leurs décisions. Après leur mort, elles se retrouvent dans un genre de « pavillon » où elles reçoivent de l'aide pour corriger leur état mental et rétablir la nature de leur âme.

2. La deuxième exception vise l'âme qui revient au monde physique avant le temps voulu et n'a pas la maturité nécessaire pour affronter les leçons qu'elle croyait pouvoir apprendre. Bien qu'elle se croie dotée d'une certaine force, elle ne se sent pas à l'aise en arrivant sur la terre. Souvent, les personnes qui présentent cette insuffisance diront avant leur mort des paroles du genre : *Je ne me sens pas à ma place* ou *Je ne suis pas né à la bonne époque*.

Parce qu'il est dans la nature de l'âme de grandir et d'apprendre, nous apportons toujours dans nos vies des situations spécifiques que nous devrons surmonter ou corriger. Si nous comprenions que, sur terre, la souffrance physique, mentale ou émotionnelle constitue une expérience normale et que le suicide ne met aucunement terme à la souffrance, je suis convaincu qu'il y aurait moins de suicides. Il est important de nous sensibiliser, et plus particulièrement nos jeunes, aux aspects négatifs du suicide et d'insister sur la responsabilité que nous avons de vivre pleinement notre vie.

Comment les vivants peuvent-ils aider les morts ?

Plusieurs personnes m'ont demandé : *Que devrait-on faire avec le cadavre d'une personne qui s'est suicidée ?* Le corps n'est qu'une enveloppe. L'esprit n'est aucunement attaché à cette enveloppe qu'il abandonne, comme un vêtement usé. Dans le cas d'un suicide ou d'un accident mortel, il est important de faire incinérer la dépouille. Si l'esprit a de la difficulté à quitter le monde des vivants, en pratiquant la crémation, le corps est rapidement détruit et l'esprit ne sentira plus d'attaches physiques avec ce dernier. L'âme pourra plus facilement prendre conscience de sa nouvelle situation.

Nous devons comprendre qu'il n'y a pas de réponse facile à cette question, car chaque suicide s'inscrit dans un contexte différent. Mais nous avons la possibilité de venir en aide à ceux qui ont commis cette terrible erreur. Il importe de savoir que nos pensées sont notre seul moyen de communiquer avec ces victimes. Premièrement, nous pouvons diriger nos pensées vers ces individus et leur dire de cesser de se dépenser inutilement en tentant de réintégrer le monde physique. Ils doivent réaliser qu'ils ont quitté leur corps physique. Ensuite, nous pouvons leur envoyer des pensées d'amour, de paix et de pardon. Nous réconforterons ces âmes tourmentées en dirigeant vers elles ces pensées harmonieuses qui les éveilleront à leur situation.

Comme je l'ai mentionné plus haut, les causes de l'acte d'autodestruction varient, mais le résultat est le même dans tous les cas. À ce jour, aucun esprit ne m'a dit qu'il était heureux de sa décision ni qu'il poserait de nouveau un tel geste. Bien au contraire. Tous ceux qui sont morts par suicide ont en commun de regretter le crime commis contre leur âme. Je peux affirmer que tous ceux qui sont revenus ont recommandé à autrui de ne pas faire les mêmes erreurs. L'acte même du suicide a ralenti leur évolution spirituelle et ils arrivent difficilement à se pardonner.

J'ai retenu les séances qui vont suivre pour illustrer les circonstances et les raisons qui poussent les gens à se donner la mort par suicide, ainsi que leurs réactions lorsqu'ils ont enfin l'occasion de parler à leurs proches. Il m'est arrivé à maintes reprises de ne pouvoir entrer en contact avec une personne suicidée simplement parce qu'elle était inconsciente ou dans les limbes.

Je suis désolée !

Le cas suivant indique clairement qu'après s'être enlevé la vie une âme tourmentée ne souhaitait rien de plus que démontrer aux êtres qui lui étaient chers qu'elle était près d'eux et avait besoin de leur pardon. Il met également en évidence le désarroi des personnes qu'elle avait laissées derrière elle. Au milieu de la séance, la consultante craqua et demanda à l'esprit de lui pardonner, car elle se sentait responsable de l'acte suicidaire posé par son amie.

J'étais sur le point de faire une démonstration à l'Église unie méthodiste de Hollywood. Mon salon servait habituellement de cadre à mes démonstrations, mais il était devenu trop étroit pour l'assistance qui se pressait en soirée. Il pouvait accueillir trente personnes alors que l'église en contenait deux cents.

Le ciel était menaçant ce soir-là. J'avais l'impression qu'il allait se déchirer d'un instant à l'autre et noyer les rues sous une pluie diluvienne. Debout près de l'autel, je regardais cette foule importante. Ce moment avait un caractère si étrange. Je regardai la foule, puis autour de moi… n'arrivant pas à croire que je tenais une séance dans une église. Je riais en moi-même, pensant : « Ah ! si le prêtre de ma paroisse pouvait me voir maintenant ! » Je commençai la méditation et pendant que je la récitais, j'entendis la pluie s'abattre sur le toit. Ce n'était pas une simple averse, mais un véritable déluge ! On aperçut un éclair éblouissant qui illumina les vitraux, suivi de près par le vacarme du tonnerre. Le spectacle était grandiose – Spielberg n'aurait pu faire mieux !

Je m'adressai au public en face de moi : « Eh bien, si vous n'étiez pas effrayés jusqu'ici, je parie que vous l'êtes à présent ! »

Dans toutes mes rencontres ou mes démonstrations, je ne sais jamais qui se manifestera en premier. Cette fois-ci, comme dans la majorité des cas, j'ai commencé à entendre les pensées d'un être spirituel.

« Il y a ici une femme qui me donne le nom de Suzanne. »

J'ai tout de suite entendu une femme éclater en sanglots sur le deuxième banc à ma gauche. Je l'ai regardée et lui ai dit : « Est-ce que cela vous dit quelque chose ? »

« Je ne suis pas certaine, répondit-elle. En fait, je connais une personne qui porte ce nom. »

Je poursuivis : « Elle me dit que vous connaissez sa mère. »

« Je lui ai parlé pas plus tard qu'hier. Nous nous sommes disputées. »

Comme si elle ne se contenait plus, la femme éclata en sanglots encore une fois.

Tout le monde se retourna vers elle. Quelque chose la faisait terriblement souffrir, c'était évident. J'ai attendu quelques instants avant de poursuivre.

« Une deuxième femme veut venir à vous. C'est étrange, mais elle ne me donne pas l'impression d'être de la famille. Pourtant, elle est proche de vous et dit vous aimer. »

La femme pencha la tête. Je continuai.

« Elle me donne le nom de Kathy. Est-ce que vous comprenez ? »

La femme essuya ses larmes et, sans lever la tête, elle bafouilla : « C'est son nom. »

« Elle me dit que vous avez depuis peu un nouvel emploi et veut que vous sachiez qu'elle vous a aidée à l'obtenir. Elle me fait voir deux petits chats, l'un avec des rayures grises et l'autre blanc avec des taches noires. Elle en parle comme s'il s'agissait de vos enfants. »

« Oui, c'est exact, ce sont mes chats. Est-ce qu'elle les voit dans la maison ? » demanda-t-elle.

« Oui, elle tient à ce que vous le sachiez. Elle dit qu'ils jouent avec une cloche dans la cuisine. Elle est attachée à une poignée de porte, je crois. »

La femme fit signe que oui de la tête.

« Elle me montre une maison... Mais cette maison semble différente. Euh... c'est une maison en bois. Je dirais un bois clair. Cela ressemble à un chalet de montagne. Il y a un balcon autour du porche. Connaissez-vous cette maison ? »

« Oui, c'était la nôtre. »

« Elle me dit que vous projetiez de reconstruire ou d'ajouter quelque chose. C'est drôle, elle n'arrête pas de traiter les constructeurs de crétins. »

La femme prit la parole. « Oui, nous avions décidé de refaire un mur extérieur près du porche et nous n'arrivions pas à trouver le bon entrepreneur. Ils nous faisaient perdre notre temps. »

« Elle me montre une photo. La photo est dans un cadre en forme de cœur. Cela vous dit quelque chose ? »

« Oui, c'est la photo de Kathy. C'est la seule photo que j'ai d'elle. S'il vous plaît, dites-lui que je suis désolée. »

« Elle sait que vous l'êtes, mais elle dit que ce n'était pas votre faute. Est-ce que vous comprenez ? »

« Non, c'était ma faute. C'est à cause de moi qu'elle est morte. »

J'ai écouté attentivement et, soudain, j'ai senti une arme à feu dans ma bouche.

« Je sens une arme à feu dans ma bouche. Le canon est froid. Je regrette, mais j'ai l'impression qu'elle s'est tuée avec un revolver qu'elle avait mis dans sa bouche. Est-ce exact ? »

La femme eut le souffle coupé, puis elle répondit par l'affirmative.

« Vous savez, je sens qu'avant sa mort elle criait et hurlait. A-t-elle eu une grave dispute ? »

« Oui. »

« Elle dit qu'elle était bouleversée et qu'elle s'est enfermée dans la chambre pendant deux ou trois heures. »

« Oui, nous nous sommes disputées. C'est juste. Je vous en prie, dites-lui que je regrette énormément et que je l'aime beaucoup. »

« Oui, elle le sait, répondis-je. Votre amie m'explique que c'est elle qui a décidé de se donner la mort. À l'époque, elle voulait que vous vous sentiez coupable, mais elle sait maintenant qu'elle a mal agi. Elle vous demande pardon de la peine qu'elle vous a faite. Elle désire que vous sachiez qu'elle n'avait pas le courage d'accepter la fin de votre relation et qu'il lui était insupportable d'envisager qu'il puisse y avoir quelqu'un d'autre. Est-ce que vous comprenez ? »

« Oui, c'est ça. Je comprends, mais je ne me le pardonnerai jamais. »

« Il le faut. Vous n'avez pas appuyé sur la détente. Vous avez essayé de lui parler, mais elle ne voulait rien entendre. Vous ne pouvez vous substituer à Dieu. Il faut bien comprendre que votre amie ne pouvait trouver en elle-même l'amour qui lui ferait réaliser qu'elle était spéciale. Elle est revenue pour vous dire que ce n'était pas votre faute. »

La femme parut entendre ce que je disais. La séance se poursuivit encore quelques minutes, jusqu'à ce que je passe à un autre message destiné à une autre personne de l'auditoire.

Pendant la pause, la femme est venue vers moi et elle m'a serré dans ses bras. « Je n'avais jamais cru à ce genre de choses, mais je sais que c'était bien Kathy. » Le message de Kathy l'avait énormément aidée. « Il y a trop de preuves qu'il s'agissait bien d'elle. » Elle continua en disant qu'elle essaierait de se pardonner et qu'elle prierait Kathy pour qu'elle lui vienne en aide.

J'ai appris plus tard que cette femme avait eu une aventure avec une autre femme. Lorsqu'elle avait annoncé à Kathy qu'elle voulait mettre fin à leur relation, qu'il était temps de passer à autre chose, elles s'étaient disputées un certain temps. Kathy était allée dans la chambre, elle avait pris un revolver et l'avait chargé. Ensuite, elle s'était enfermée dans la salle de bains, s'était enfoncé le revolver dans la bouche et avait tiré.

Un dernier mot. Kathy avait mentionné à son amie qu'elle était encore hantée par le souvenir de sa mort, mais qu'elle recevait l'aide du monde spirituel.

Il n'est jamais trop tard pour dire je t'aime

C'est vraiment triste lorsqu'un jeune homme qui a tout pour être heureux décide de s'ôter la vie. Les membres de la famille se sentent aussitôt coupables et pensent qu'ils auraient pu empêcher cet événement d'une façon quelconque. En plus d'éprouver de la honte, l'âme parvient difficilement à se pardonner et à retrouver l'amour de soi.

C'est justement ce qui s'est produit dans le cas suivant. Un jeune homme revint pour exprimer à sa mère l'amour dont il n'avait pris conscience que trop tard. Malgré l'acuité de la souffrance et du chagrin, la rencontre se teinta aussi d'optimisme. Ce fut une consultation des plus émouvantes, l'expérience entre toutes qui m'a permis d'approcher du sens véritable de l'amour inconditionnel. Lorsque l'amour est si grand, il ne porte aucun jugement.

Lorsque je suis allé ouvrir, une femme de taille moyenne au sourire épanoui et à la peau satinée se tenait à la porte. Elle paraissait avoir une bonne cinquantaine d'années et respirait la paix et la confiance en soi. Éloquente, elle faisait preuve de réalisme envers elle-même et devant la vie en général.

Elle déclara au départ n'avoir jamais assisté à une séance et avoir énormément de doutes sur mes activités. Toutefois, sa thérapeute croyait qu'il pourrait lui être bénéfique de résoudre certains problèmes de son passé. Après avoir affirmé qu'elle vivait au présent et qu'elle était « prête à tout essayer », elle ajouta : « D'ailleurs, j'aime envisager tous les choix qui s'offrent à moi. » À ces mots, je sentis immédiatement une affinité entre cette femme et moi. Elle avait une personnalité tout à fait charmante ainsi qu'un sens de l'humour remarquable et rafraîchissant. Elle me faisait penser au personnage de « tante Bea » dans *The Andy Griffith Show*. Bien sûr, je ne savais rien sur elle ou sur la personne avec laquelle elle souhaitait entrer en communication. Je lui ai demandé si elle se sentait à l'aise. « Je me sens merveilleusement bien », répondit-elle. Sur ce, j'ai commencé la séance.

« Il y a un homme debout, derrière vous, qui me demande de vous souhaiter un heureux anniversaire. »

« Eh bien, merci beaucoup, j'ai fêté mon anniversaire il y a deux jours. »

Je poursuivis. « Cet homme est très proche de vous et il fait mention d'un voyage ou d'un projet de voyage en Afrique. Est-ce que vous arrivez à comprendre cela ? »

« Oui, je comprends. Mon mari et moi passons beaucoup de temps là-bas et nous espérons y retourner bientôt. N'est-ce pas génial ? »

« Avez-vous un garçon et une fille ? »

« Non, seulement deux garçons. »

« Cet homme derrière moi mentionne quelque chose au sujet d'un fils. Je ne sais trop si c'est votre fils ou s'il parle de votre fils. »

« Je n'en sais rien. »

« Attendez. Oh ! je vois… votre plus jeune fils est décédé. Est-ce exact ? »

« Oui, c'est exact. »

« Il est ici. C'est la personne derrière vous. Il est très confus, car il a du mal à croire que nous sommes en train de faire une chose pareille. Ou que vous êtes en train de faire une chose pareille. »

« Je ne comprends que trop bien. »

« Si je vous parle d'une collection d'objets d'origine tribale, vous voyez ce que cela signifie ? »

« Oui, mon époux fait le commerce d'objets d'art anciens. Notre maison en est tout simplement remplie. Seigneur ! c'est renversant. »

« On me donne le nom d'Andrew ou Andy ? »

« C'est son nom. Nous l'appelions Andy. Il avait reçu le nom de son père. »

« Il me fait voir une très jolie maison. Sur les murs, il y a de magnifiques tableaux peints à l'huile. Ils semblent provenir de tous les coins du monde. Cela ressemble beaucoup à un musée. »

« C'est exact. Oh ! la la ! vous m'étonnez ! Je collectionne les œuvres d'art, en majorité des huiles, et je possède une collection assez importante. Mon Dieu ! »

Je voyais que la femme essayait de comprendre comment, au juste, je parvenais à obtenir cette information.

« Il me fait également voir des pièces exotiques. Des couvertures ou des étoffes. Vous en avez aussi partout dans la maison. En fait, il me les montre suspendues aux murs. »

Elle hocha la tête.

« Qu'est-ce que cela signifie, habiter derrière ? Andy parle d'habiter derrière ? »

« Nous avons un pavillon pour les invités et Andy l'utilisait comme atelier. Il y passait la plus grande partie de son temps. »

J'acquiesçai. « C'est pour cette raison qu'il me fait voir de si merveilleuses couleurs. Oui, je vois effectivement la palette d'un artiste. »

La rencontre se poursuivit au moins une demi-heure encore, apportant des preuves renversantes qu'il y a une vie après la mort. Andy fit une description détaillée de l'endroit où il se trouvait et de ce qu'il vivait.

« Il me raconte qu'à son arrivée il se trouvait dans une sorte d'hôpital. Il dit qu'on l'a aidé à améliorer son état mental. Il m'explique qu'il vit actuellement dans une colonie d'artistes où chacun s'adonne à sa forme d'expression artistique particulière. Il dit qu'il rencontre des gens qu'il comprend et qui le comprennent. Il en apprend énormément à tous les points de vue en ce moment. »

Il se mit alors à parler de la relation qu'il avait avec sa mère et de la façon dont il était mort.

« Votre fils était un être hypersensible. Je sens qu'il n'était pas heureux. Il n'était pas profondément malheureux, mais plutôt déprimé. Je sens qu'il était incapable de contrôler ses émotions. Prenait-il des médicaments ? »

« Oui. Son médecin lui faisait prendre des médicaments pour traiter une psychose maniaco-dépressive. Il consommait aussi des drogues illégales. »

« Euh... Oui, je sais qu'il consommait certaines drogues, mais je dois vous dire qu'il est convaincu qu'il y avait un déséquilibre chimique et que c'est ce qui a provoqué sa mort. Il me révèle qu'il vous a souvent dit qu'il vous détestait. »

« Oui, il l'a fait. »

« Vous savez bien sûr qu'il ne le pensait pas vraiment. Il était malade. »

« Oh, oui, j'en suis consciente. »

« Il veut que vous sachiez que c'étaient les drogues et sa propre frustration qui s'exprimaient alors. Il n'a compris votre point de vue qu'après sa mort. Il dit que vous avez tenté de l'aider pendant des années sans jamais abandonner et que vous n'avez même jamais haussé la voix lorsqu'il agissait mal. »

La femme bougea inconfortablement sur son fauteuil, puis elle prit la parole : « Je ne pourrais dire. Mais, oui, j'aimais mon fils. Je savais qu'il avait un problème. Une mère est-elle censée faire autre chose ? Je l'aimais, quoi qu'il fasse, et je l'appuyais. »

J'intervins sur ce point. « Même dans les moments les plus difficiles. S'il faut l'en croire, il vous malmenait et vous vous contentiez d'encaisser. »

« J'étais consciente de ce qui se passait. Au moins, j'essayais de mon mieux de comprendre. J'ai fait ce que j'ai pu afin qu'Andy soit en sécurité. Je voulais qu'il soit heureux, mais il a toujours été un solitaire. Je l'aimais et je l'aimerai toujours. Son père et moi avons tout essayé, même si je pense que son père a perdu patience. Mais, ce qui est étrange, c'est que je comprenais Andy, comme si j'arrivais parfois à voir à travers son âme. Je savais à quel point il était triste. Cela me faisait mal de voir à quel point il souffrait. »

« Il regrette de vous avoir fait vivre cela. »

« Il n'a pas besoin de regretter. Je l'aime. »

La séance prit alors une tournure différente et, pendant qu'Andy décrivait sa propre mort, l'émotion était palpable.

« Votre fils est dans le pavillon derrière la maison et il se sent très déprimé. Il est habité par la pensée d'en finir et le sentiment de ne plus pouvoir continuer. Il regarde sans arrêt ses peintures autour de lui en se demandant ce qu'on en fera après sa mort. Puis cela ne semble plus l'intéresser. Il se sent si abattu. Je perçois énormément de haine de soi. Il se sent déstabilisé. Vous n'étiez pas là lorsqu'il est mort ? »

« En effet, nous étions partis. En fait, nous sommes rentrés de voyage cet après-midi-là. C'est son père qui l'a découvert. »

« Votre fils me fait voir un champ derrière la maison. Cela ressemble à un champ ou à un grand jardin. »

« C'est exact. C'est assez incroyable. Je ne sais trop que dire, mais c'est absolument exact. »

J'ai interrompu l'entretien pour lui demander si elle allait bien et si elle souhaitait continuer. Elle répondit qu'elle allait bien et qu'elle voulait absolument continuer.

« Votre fils me montre un grand arbre. On dirait un chêne. Très gros, très imposant. Il grimpe. »

J'ai eu immédiatement l'impression que ma gorge se serrait, que je n'arrivais plus à respirer. Je sentis immédiatement la mort venir, car Andy me transmettait exactement ce qu'il avait éprouvé. À cet instant, j'ai suspendu la séance et prié Andy de me décrire la mort visuellement, de sorte que je n'aie pas à subir cette expérience. Comme l'esprit n'avait pas la maîtrise des circonstances de sa mort, j'ai également prié mes guides de surveiller cette communication. Plusieurs minutes s'écoulèrent avant que je ne poursuive la séance. Andy imprima dans ma pensée la scène de sa mort.

« Votre fils s'est pendu à un chêne dans le jardin derrière la maison. Il est monté sur une branche à l'aide d'une échelle. Est-ce que c'est juste ? »

La mère d'Andy se mit à pleurer. Elle sortit un mouchoir de son sac, s'essuya les yeux et reconnut que l'information était exacte.

Je poursuivis. « Je me sens très mal. Je n'en reviens pas. Il m'est rarement arrivé de voir ou de sentir quelque chose de ce genre. Votre garçon a quitté son corps par la tête. »

Andy me montra qu'il avait plané au-dessus de son corps.

« Il n'arrivait pas à croire qu'il était mort, car il se sentait pleinement vivant. Il s'est dit qu'il avait fait une terrible gaffe et a tenté par tous les moyens de revenir dans son corps, d'entrer dans sa tête. Il n'a pas réussi et il s'est senti terriblement frustré. Il s'est mis à pleurer ! »

Cette expérience m'avait bouleversé. Je continuai de décrire à la mère l'ahurissante vision qui m'était présentée. Je repris la séance au bout de quelques minutes.

« Andy dit qu'il a attendu sur place, ne sachant trop que faire. Il était là quand son père l'a découvert et il en a été tout chaviré. Andy a immédiatement compris qu'il avait mal agi. Il se sentait mal pour vous et pour son père. Il a regardé son père vous parler et il vous a vue vous effondrer. Il vous a entendue penser que vous saviez depuis toujours que cela allait se produire. Il a aussi senti votre amour. Cela lui faisait horreur de vous avoir mise dans cet état. »

« Je vous en prie, dites-lui que je comprends. »

« Il dit merci, maman. Pardonne-moi. Je t'aime vraiment beaucoup et j'aime aussi papa. Je reçois de l'aide, ici, maman. Il y a des personnes très gentilles qui ont veillé à ce que je me retrouve. C'était trop difficile, maman. »

J'expliquai à la dame que l'esprit possède le libre arbitre et qu'il peut choisir de s'incarner au mauvais moment. « Lorsque cela arrive, la personne sera en général habitée, tout au long de sa vie, par le sentiment de ne pas *être à sa place*. J'ajoutai que son fils n'était pas à sa place parce que ce n'était pas le moment pour son âme de faire l'expérience de l'existence terrestre. Son âme n'avait pas la maturité nécessaire pour traverser ce qui l'attendait. « Souvent, cela constitue un poids trop lourd et l'âme cherche une porte de sortie. Voilà pourquoi une personne se donne la mort. »

La femme comprenait parfaitement ce que je disais. Elle me confia qu'Andy ne s'était jamais adapté. « Il n'était encore qu'un tout petit garçon et déjà il semblait très différent de son frère et de la plupart des enfants de son âge. » En un sens, cette séance confirmait l'idée que l'on puisse revenir prématurément sur la terre.

Comblée d'avoir pris contact avec son fils, la mère affirma avoir espéré qu'un miracle se produirait un jour et que ce jour était arrivé. Elle assura Andy qu'elle le garderait dans sa pensée pour le reste de sa vie afin qu'il puisse goûter un peu de l'expérience terrestre à travers elle.

En prenant congé de cette femme, je me sentais privilégié d'avoir été en présence d'une âme mûre et expérimentée, sachant ce que voulait dire voir l'amour en chaque personne et en chaque circonstance.

Ma mère et mon père

L'une des expériences les plus éprouvantes que puisse vivre une famille est sans doute le suicide de l'un de ses membres. Non seulement il laisse un vide que rien ne saurait combler, mais les autres membres sont constamment assaillis de questions qui reviennent les hanter. *Pourquoi a-t-il fait cela ? Est-ce que j'aurais pu l'en empêcher ? Regrette-t-il son geste ? Que va-t-il lui arriver maintenant ?*

Tous les ans, des milliers d'individus sont cruellement éprouvés par le suicide de l'un des membres de leur famille. Même si je ne suis qu'un être humain et que mon action se limite au nombre de personnes que je rencontre, je ressens une profonde satisfaction quand je parviens à apporter certaines réponses grâce aux êtres chers qui sont avec eux en esprit.

Dans la rencontre suivante, j'ai aussi été en mesure de fournir de précieux éclaircissements sur ce qui avait poussé cette âme à avoir cette conception de la vie et sur les raisons du comportement particulier qu'elle avait adopté sur la terre. Ces renseignements se révélèrent doublement utiles pour la consultante. Ils lui permirent non seulement de dénouer ses sentiments sur le suicide, mais aussi de trouver une réponse aux questions qu'elle se posait sur sa relation avec ses parents – une relation qu'elle s'était efforcée de comprendre toute sa vie. Elle a vécu une guérison et sa vie a complètement changé depuis.

J'ai ouvert la porte à une très jolie femme se prénommant Nancy. Elle était fort charmante, mais aussi un peu nerveuse et craintive. Nous nous sommes immédiatement assis au salon et je lui ai parlé de ce que la soirée allait lui révéler. Elle m'expliqua qu'elle se sentait mal à l'aise et effrayée à l'idée d'entrer en communication avec le monde spirituel. Je la rassurai en lui disant qu'il n'y avait pas de quoi avoir peur ou s'énerver. Je lui précisai que je travaillais avec la lumière de l'amour du Christ et que si, pour une raison quelconque, elle venait à se sentir mal, nous nous arrêterions.

Quand Nancy me demanda ce que je voulais dire par « la lumière de l'amour du Christ », j'expliquai que c'est un amour qui ne porte pas de jugement, un amour de l'essence la plus pure, qui fut incarné par le maître que nous appelons Jésus. La plupart des religions chrétiennes sont fondées sur cette forme d'amour. Lorsque je travaille, je fais toujours appel à cette lumière d'amour ou lumière de protection.

Elle m'a exprimé sa confiance et nous avons lentement gravi l'escalier menant à la salle de séance. Après avoir récité la prière d'ouverture, j'ai commencé la consultation.

« Nancy, un guide égyptien qui m'aide dans mon travail m'informe de la présence de votre famille. Il me dit que les personnes auxquelles vous souhaitez parler sont bien ici. »

Bouche bée, ses grands yeux bleus fixés sur moi, Nancy resta sans voix.

« Une femme se tient derrière vous. Elle est très jolie et porte une robe tirant sur le vert. Elle a les cheveux châtain clair. Quant à son sourire, je dirais qu'il est doux et discret. Je sais que cela semble bizarre. Ses yeux sont d'un bleu ravissant. Elle demande de vous dire qu'elle va bien à présent. »

Nancy me regardait toujours fixement.

« Je reconnais en cette personne une mère. Est-ce que le nom de Joan vous dit quelque chose ? »

« Oui, c'est le nom de ma mère. Elle est décédée et elle était exactement telle que vous l'avez décrite. »

« Je crois qu'elle est bien plus jeune que le souvenir que vous en avez. Oui, elle me dit que vous avez une photo de son mariage et qu'elle a cette apparence dans le monde spirituel. »

« Oui, je regardais justement la photo hier soir. »

Nancy essuya quelques larmes en répétant qu'elle n'arrivait pas à le croire, que c'était tout simplement incroyable. Je continuai la séance.

« Votre mère veut que vous sachiez qu'elle a vu Margaret et Katherine. »

« Margaret est sa mère et Katherine, sa sœur », répondit Nancy.

« Elle mentionne également le nom de John. Savez-vous de qui il s'agit ? »

« Oh, mon Dieu. John est mon mari. C'est son nom. Est-ce que maman le voit ? »

« Oui, elle le voit. Elle souhaite lui dire bonjour et lui demander de bien prendre soin de vous. »

Terriblement impressionnée, Nancy hochait la tête avec incrédulité.

« Nancy, votre mère me donne l'impression d'avoir été très malade avant sa mort. Je vois une grande quantité de médicaments ou de pilules. Est-ce que vous comprenez ? »

« Oui, c'est vrai. »

« Étiez-vous au courant que votre père l'avait trouvée ? Sur le plancher de la chambre à coucher, je crois ? »

« Oui, c'est papa qui l'a trouvée. »

« Votre mère regrette amèrement. Elle vous demande pardon et dit qu'elle ne voulait pas vous causer un tel chagrin. Je dois vous dire que j'ai l'impression que votre mère ne jouissait plus de toutes ses facultés. Était-elle souvent déprimée ? »

« Euh… Elle l'était. J'ignore au juste ce qu'elle avait, mais elle était toujours malade. Je veux dire que c'est le souvenir qu'elle m'a laissé, même lorsque j'étais enfant. »

« Votre maman s'excuse de ne pas avoir été une bonne mère pour vous. Faisait-elle la navette entre les institutions psychiatriques et la maison ? »

« Oui, la plus grande partie de sa vie. Elle était maniaco-dépressive. »

Je répondis promptement : « Je le savais. Elle donne l'impression d'être à la dérive. C'était une personne qui se laissait conduire par la vie au lieu de la prendre en main. Elle essaie de vous faire savoir qu'elle vous aime beaucoup et qu'elle regrette de n'avoir pu vous le dire lorsqu'elle était vivante. Je crois que votre mère ne comprenait pas bien ce qu'est l'amour et elle ne savait trop comment l'exprimer. »

« Mon Dieu, c'est tellement vrai. »

« Nancy, je crois que l'état mental de votre mère a été responsable de sa mort. S'est-elle ôté la vie ? »

Nancy éclata en sanglots.

« Oui. J'ai essayé de l'aider, mais elle ne me laissait pas l'approcher. Je crois qu'elle était simplement trop déprimée. J'ai essayé, James, mais je ne savais pas au juste comment agir avec elle. Est-ce que j'aurais pu, par un geste quelconque, l'arrêter ou empêcher que cela arrive ? »

« Non, votre mère n'avait pas de pire ennemi qu'elle-même. Vous n'auriez pu l'arrêter. Votre mère ne vous aurait pas écoutée. Votre maman n'écoutait pas grand monde. »

Nancy esquissa un sourire et hocha la tête.

« Votre maman regrette de n'avoir pu être une mère pour vous. Elle ne voulait pas vous blesser. Elle veut que je vous dise qu'elle aime les animaux. »

« Oh, mon Dieu, oui. Maman adorait tout bonnement les animaux. »

« Skippy ou Skipper est avec elle. Qu'est-ce que ça veut dire ? »

Nancy ouvrit grands la bouche et les yeux.

« C'était notre chien quands j'étais enfant. Maman l'aimait. Ah, ils étaient de si grands amis. Skipper dormait à côté d'elle tous les soirs. James, puis-je vous demander... Maman est-elle heureuse ? Je veux dire, se trouve-t-elle dans un endroit convenable et que va-t-il lui arriver ? Où ira-t-elle ? »

Je posai la question mentalement à Joan, sa mère, et attendis une réponse pendant plusieurs minutes. Quelquefois, lorsque l'on interroge un esprit, il lui faut un certain temps pour comprendre la question et formuler ensuite la réponse qu'il me fera.

Au bout de quelques minutes, je repris : « Votre mère veut que je vous dise qu'elle a reçu l'aide d'une autre femme. Une conseillère, en quelque sorte. Votre mère a mis un terme à sa vie, mais non de façon consciente. Elle n'était plus vraiment lucide. Depuis sa mort, elle s'emploie à modifier son état mental et à apprendre comment rallumer la flamme de l'amour dans son cœur. À reconnaître l'amour qui est en elle. Elle se trouve dans un excellent endroit, qui ressemble à la terre, mais en plus beau. Elle dit que, bien que morte, elle ne se repose pas. Bien au contraire. Elle essaie à sa manière de rettraper le temps perdu. »

À compter de cet instant, la séance prit une tournure complètement nouvelle, alors que je continuais de transmettre à Nancy les messages de sa mère.

« Elle veut que vous sachiez qu'elle va bien. Elle est en compagnie de sa famille, mais elle doit encore travailler sur elle-même. Elle sait que personne ne peut le faire à sa place, qu'elle doit le faire elle-même. Elle a été terriblement bouleversée à propos de votre père. Elle ne cesse de dire à quel point elle s'est sentie coupable. Je ne comprends pas ce qu'elle veut dire. »

« Je comprends. » Sur ces mots, Nancy se remit à pleurer.

« Très bien, laissez-moi poursuivre. Votre père, euh... Votre père est-il une âme sensible ? Il faut que je vous dise, au moment où votre mère a parlé de votre père, j'ai immédiatement capté la vibration d'un homme. Il est debout à mes côtés. Votre père est-il décédé ? »

« Oui, il est mort peu de temps après maman. Va-t-il bien ? Je vous en prie, j'ai besoin de le savoir. Peut-il m'entendre ? »

« Oui, votre père va bien. Il est avec votre mère. Il dit qu'il ne souhaitait rien d'autre que de retrouver votre mère et il est avec elle à présent. Il raconte que tout est très différent là où ils se trouvent. Il se représentait le paradis comme un endroit où les anges jouaient de la harpe et il n'en a pas encore croisé un seul. Il se trouve à la campagne. Il répète sans cesse qu'il a été stupide. »

« Oui, continuez. »

« C'est très étrange. Votre père aimait-il les chevaux ? »

« Oui, il a grandi dans une ferme. Je suis sûre qu'ils avaient des chevaux, en fait je n'en suis pas certaine. Je... »

Je lui coupai la parole à cet instant, car son père me disait autre chose.

« Non, votre père précise qu'il s'agit de chevaux de course. Il aimait les chevaux de course. Il avait l'habitude de parier sur eux. »

« Oh, mon Dieu, c'est exact. Il se rendait au champ de

courses tous les samedis. Je n'en reviens pas. Le fait-il encore ? »

« Il dit qu'il peut y aller s'il le veut. Il existe quelque chose de semblable dans l'au-delà, mais sans échange d'argent. Bref, on n'a gardé que l'activité purement sportive. Nancy, votre père demande que je vous dise qu'il vous a abandonnée. Il est désolé, mais il se sentait si seul. Il vous a laissée tomber. »

« Je comprends, papa. C'était difficile », commenta Nancy.

« Nancy, j'ignore ce que cela signifie. Votre père me montre un pistolet. On dirait un colt 45, vous m'excuserez toutefois, car j'ai du mal à distinguer une arme d'une autre. C'est une arme de poing, mais de dimension moyenne. Il me la fait voir. Il me montre aussi une pièce qui ressemble à un cabinet de travail. Il y a des rayonnages tout autour ainsi qu'une terrasse. Je vois aussi un canard servant d'appât. »

« Il les collectionnait. »

« Votre père montre une mare de sang et je le vois renversé en arrière dans son fauteuil. Dieu du ciel, s'est-il tué d'un coup de feu ? »

Nancy éclata en sanglots et fit oui des lèvres, sans émettre un son.

Je fus ébranlé. C'était déjà assez d'un suicide… il était impensable que les deux parents se soient tués ainsi. Dans mon cœur, je ressentais tant de tristesse, tellement de compassion et de sympathie pour Nancy. Je dus prendre quelques minutes pour me calmer. Je ne pouvais tout simplement le croire.

« Pardonnez-moi, Nancy. Je ne veux pas être brutal, mais je dois vous transmettre ce que je reçois. Votre père s'est tiré une balle dans la tempe gauche. Il dit que vous êtes au courant. C'est vrai ? »

« Oui, c'est moi qui l'ai découvert. J'avais tenté de le joindre au téléphone toute la journée, mais il ne répondait pas. Je me suis donc arrêtée chez lui en rentrant du travail. Je suis entrée dans son bureau et je l'ai trouvé affaissé dans son fauteuil, son pistolet reposant sur le plancher près de son bras. »

« Oh, je suis vraiment désolé. C'est horrible. Votre père me demande de vous dire qu'il a eu tort. Sans votre mère, il ne savait plus comment continuer à vivre. Il dit qu'il ne voulait pas non plus être un fardeau pour vous et pour John. Vous aviez votre vie. Intéressant... J'ai déjà entendu cela auparavant. Votre père mentionne qu'il n'a pas eu à attendre longtemps sur terre, puisque, de toute manière, sa vie touchait à son terme. »

« Que veut-il dire ? »

J'expliquai à Nancy que lorsqu'une personne se suicide, elle demeure attachée à la terre jusqu'au moment où serait survenue sa mort naturelle. L'existence de son père allait bientôt arriver à son terme. Lorsqu'il s'est ôté la vie, il ne lui restait plus beaucoup de temps à passer dans la dimension physique. J'ai également annoncé à Nancy que son père avait été accueilli par sa mère.

Nancy demanda alors : « Comment cela lui a-t-il été possible ? »

« Votre mère se trouvait à un niveau légèrement supérieur au sein du monde spirituel. Les âmes d'un niveau plus élevé peuvent en effet retourner à un niveau inférieur pour aider les autres. Cependant, celles qui habitent les niveaux inférieurs ne peuvent s'élever avant de l'avoir mérité. »

Cette idée sembla difficile pour Nancy, seulement il s'agissait de son premier contact avec la métaphysique. Je l'assurai que plus elle étudierait la métaphysique, plus l'idée deviendrait compréhensible.

« Nancy, votre papa désire que je vous dise qu'il est de nouveau heureux. Il est avec votre maman. »

« Cela me rend si heureuse. Mon Dieu, je m'en faisais tellement pour lui. Je suis contente qu'il aille bien et qu'ils soient réunis. C'est bien vrai ? »

« Oui, ils sont ensemble. C'est drôle, votre père parle d'un lac ou d'une maison au bord d'un lac. Il dit que votre mère le regarde pêcher au bord d'une jetée. J'ignore ce que ça signifie. »

« Je le sais. Quand j'étais petite, nous avions une maison d'été au bord d'un lac et mon père avait l'habitude de pêcher sur la jetée. Il m'a appris à pêcher. »

« Eh bien, votre père veut que vous sachiez qu'il est au paradis. »

« Si papa va à la pêche, il est au paradis. »

Sur ces mots, nous avons mis fin à la séance et avons remercié les esprits ainsi que nos guides. J'ai aussi prié tout spécialement pour Nancy, afin qu'elle puisse utiliser les informations pour sa guérison. Je sais que ma prière a été entendue, parce que au moment de partir, elle se tourna vers moi, les yeux encore humides de larmes, pour me déclarer : « James, je ne sais que dire. C'est un miracle. Je me sens plus légère. J'éprouve un tel sentiment de paix. Cette paix, je l'ai cherchée sans succès pendant plus de dix ans. Merci de m'avoir aidée à la trouver. Ce fut une expérience unique. Dieu vous bénisse ! »

La peine capitale

Je souhaite intégrer deux autres aspects de la mort prématurée dans ce chapitre. Bien que ni la peine de mort ni l'assistance médicale ne soient comparables au suicide, ces deux sujets concernent également l'interruption de la destinée d'une âme. En faisant une telle affirmation, je veux faire ressortir que si le suicide est une erreur, cela vaut aussi pour la peine capitale.

Qu'un être humain mette prématurément un terme à la vie d'un semblable, voilà l'une des pires choses qu'on puisse imaginer. Cet acte abominable et dévastateur paraît de plus absolument impardonnable. Quand il s'agit d'un meurtre, ce geste s'aggrave du fait que justice doit être rendue. Il existe chez certains le sentiment inconcevable qu'en débarrassant la société du criminel on vengera cet acte barbare. Mais ce n'est pas vrai. Ajoutez à cela l'argument que l'on peut économiser l'argent des contribuables en procédant à une exécution rapide, et la peine de mort devient acceptable.

Oui, il est mal de prendre la vie d'autrui, et cela est vrai, quelle que soit la circonstance, y compris la peine de mort. Prenez le temps de vous arrêter un moment pour envisager cette question non d'un point vue émotionnel mais spirituel. Les dimensions de notre univers dépassent notre imagination et nous devons commencer à regarder cette situation, de même que toute action, sous un angle spirituel. Dans sa sagesse infinie, Dieu a donné un rythme à toute vie. À l'instar du soleil levant et couchant, des planètes tournant autour du soleil, de la marée montante et descendante, chaque âme est également soumise au rythme de la naissance et de la mort. À cause de ce rythme, il vient naturellement un moment où l'âme doit quitter ce monde et regagner le monde spirituel. Et Dieu est le seul à connaître le plan d'ensemble.

Lorsqu'une personne est délogée de son corps physique de façon violente avant l'heure naturelle, prédéterminée, du départ de l'âme, ce n'est pas sans conséquences spirituelles. Comme dans le cas du suicide, le fluide magnétique de l'âme doit demeurer à l'intérieur de l'atmosphère terrestre jusqu'à ce que l'heure de sa mort naturelle soit venue. Quand un esprit est expulsé du corps par la peine de mort, la personnalité du criminel demeure telle qu'elle était avant l'exécution. En arrivant dans l'au-delà, l'âme est généralement en proie à la colère et à la peur, puisque, fort probablement, elle ignore les lois spirituelles et n'a pas atteint un haut degré d'évolution. Dans la majorité des cas, cette âme errera sans fin dans la dimension astrale inférieure avec des âmes qui lui ressemblent. Comme ces âmes tourmentées ont une propension à la colère et à la haine, elles cherchent souvent à se venger de leur mort prématurée et parcourent la terre à la recherche d'humains manipulables qui, sous leur influence, tueront ou blesseront d'autres personnes. On dirait du cinéma, n'est-ce pas ? Mais rien n'est plus vrai.

Le mieux qu'on puisse faire pour ceux qui sont incarcérés, c'est de les éveiller au caractère sacré de la vie et de favoriser leur réinsertion dans la société. Je sais que cela paraît irréaliste, mais si nous tuons une personne avant que l'âme ait fait son temps sur terre, nous lui enlevons toute chance de s'amender et de se réhabiliter. Il suffit d'un instant pour voir la Lumière de Dieu et être transformé. Cet individu réhabilité empêchera peut-être un jour quelqu'un de commettre un meurtre. La porte de la croissance et de l'éveil doit demeurer constamment ouverte.

Par la peine capitale, nous contribuons à perpétuer la violence faite à autrui. N'ayons pas la main si prompte à appuyer sur le bouton électrique, sans réfléchir aux conséquences de nos actions. La compréhension des implications spirituelles nous amènera à rectifier nos croyances et à ne plus donner notre approbation aussi facilement à une sentence de mort. Notre société a la responsabilité spirituelle et morale d'aider ces âmes attardées et tourmentées. Évitons de les traiter comme un tas d'ordures.

Comprenez bien que je ne cherche pas à excuser le meurtre. Je veux faire remarquer que la personne qui tue un autre être humain pose un tel acte parce qu'elle n'a pas encore atteint le degré d'évolution qui lui permettrait de prendre conscience de sa propre essence divine. L'individu pleinement conscient de son moi divin ne peut même pas envisager de tuer une autre personne. Qui sommes-nous pour nous juger les uns les autres ? Connaissons-nous suffisamment les lois de la vie pour nous substituer à Dieu ? Nous ne sommes pas aussi puissants, je vous assure. Encore une fois, nous devons conserver un esprit ouvert et apprendre à considérer les choses dans une perspective spirituelle et responsable.

Les équipements de survie

Lorsqu'une personne est maintenue en vie à l'aide d'équipements tels que le respirateur artificiel, je crois encore une fois que le plan divin s'accomplit. Chaque maladie ou crise de santé s'accompagne d'une croissance, d'une évolution, si l'on peut dire, dont les individus que nous sommes et la société en général peuvent tirer de précieux enseignements. Les découvertes de la médecine et les innovations technologiques font partie de cette croissance. Chaque découverte se produit quand il le faut. Nous assisterions peut-être à d'autres découvertes prodigieuses si l'ego ne se laissait pas mener par des intérêts politiques ou financiers.

Toutefois, de vastes connaissances ont été mises à la disposition de l'humanité afin qu'elle puisse contribuer à l'amélioration de la qualité de vie par ses inventions. Dans le domaine médical, bien des vies ont été sauvées grâce à la technologie moderne, notamment grâce à des médicaments et des vaccins particulièrement efficaces inconnus au XIXe siècle. La science devrait être fière de ces succès et en particulier de sa capacité à maintenir la qualité de vie d'une personne. Le terme *qualité* est ici un mot clé. Les professionnels de la santé n'ont pas pour rôle de remplacer Dieu, d'ailleurs ils en seraient incapables même s'ils le voulaient. Je ne me prononce pas pour ou contre le maintien artificiel de la vie grâce à ces équipements, mais permettez-moi de faire les observations suivantes.

Comme je l'ai dit plus tôt, il y a un temps pour naître et un temps pour mourir. Je crois sincèrement que lorsque c'est le moment voulu pour l'âme de se retirer du corps, elle le fait. La science ne peut arrêter la grande horloge universelle, même si elle a la prétention d'y parvenir, ou malgré tous les efforts qu'elle déploie en ce sens. Encore une fois, je crois qu'une âme cherche à expérimenter toutes les situations qui s'offrent à elle. Il est possible en fait que l'âme sous assistance respiratoire apporte une contribution à la science et ouvre la voie à une autre grande invention au profit des générations futures – non seulement sur le plan médical mais peut-être aussi sous d'autres rapports. Nous devons envisager une situation de ce genre du point de vue de l'âme. Il se peut que l'âme ait accepté avant son incarnation de vivre une telle expérience. Cette situation pourrait favoriser chez les membres de la famille et les amis l'apprentissage de l'amour et de la compassion. N'oublions pas que l'âme doit apprendre à reconnaître le caractère sacré de la vie et à accueillir l'amour.

Comme pour toute question morale, chaque âme doit prendre ce genre de décision elle-même. Car, je le répète, chaque âme est unique. Chacune a des besoins spirituels différents et doit vivre les expériences qui favorisent le plus sa croissance. Il n'y a pas de réponses correctes ou incorrectes. Nous n'avons pas à juger les décisions d'autrui en cette matière, mais à envisager l'expérience aussi bien que la leçon d'un point de vue spirituel.

8

De tendres retrouvailles

Selon moi, l'aspect le plus important de mon travail consiste à neutraliser le pouvoir que nous donnons à la peur. Non seulement la peur est une illusion, mais elle constitue également le principal obstacle au développement personnel et à la capacité de transcendance de l'esprit humain. La peur enferme les gens dans un conflit intérieur et leur fait perdre tout sentiment de liberté individuelle. Lorsque nous sommes *en état de peur,* nous ne pouvons être *en état d'amour,* et par ricochet, nous tournons le dos à un style de vie riche en créativité et en réalisations.

La peur ressemble à un cercle vicieux. Lorsque nous sommes sous son emprise, nous attirons précisément ce que nous craignons et par conséquent, la peur devient notre réalité. En d'autres termes, l'ancien adage, *La peur est un aimant* ; est véridique. Nous devons nous rappeler que notre pensée est créatrice. La pensée est l'énergie ou la créativité de Dieu. Puisque nous sommes dotés du libre arbitre, nous pouvons utiliser cette énergie comme bon nous semble. Nous devons également comprendre que nous sommes responsables des effets de nos pensées. Lorsque nous persistons dans une forme de pensée particulière, par exemple *la peur,* l'énergie de cette forme de pensée façonne notre destin.

Au commencement de toutes mes séances médiumniques, j'explique à mes clients comment ils laissent la peur s'immiscer dans leur pensée, comment leurs peurs agissent sur leur organisme, altèrent leur santé et leur existence en général. En demeurant aussi simple que possible, je les aide à identifier cet adversaire et à découvrir comment modifier les croyances qui sont à l'origine de leurs peurs. S'ils comprennent clairement, ils accèdent à une multitude de possibilités créatrices qui résident en eux.

Au début, c'est particulièrement difficile. Il est peu probable que les gens changent aussi rapidement, surtout après avoir été conditionnés pendant des décennies par leur famille, la société et les autorités religieuses. Mais je réussis de toute façon à semer l'idée et je les éclaire sur toutes les possibilités à envisager. En ouvrant une porte dans leur esprit, je suis en mesure de les aider à se servir de leurs pensées de façon positive, avec humanité.

La peur de perdre compte parmi les peurs les plus importantes. Chez certains, cette peur s'exprime par l'impossibilité à accepter le bonheur, la bonté ou l'abondance dans leur vie. Quant à ceux qui possèdent ce qu'ils souhaitaient avoir depuis toujours, ils peuvent avoir l'impression, à certains égards, de ne pas mériter d'être heureux ou de n'être pas dignes de vivre dans l'abondance. D'autres ne peuvent même imaginer de vivre dans la plénitude et la joie, parce que *ce serait trop beau pour être vrai*. Ils pensent que quelque chose tournera mal, et c'est généralement ce qui se produit. Je recommande souvent à mes clients de garder à l'esprit que nous sommes faits de Lumière. Éternellement créative et abondante, la Lumière embrasse tout. Même si une personne ne voit pas la Lumière, nous devons croire qu'avec Dieu (la Lumière) tout devient possible. Dieu dit sans cesse *oui* ; c'est nous qui disons *non* !

La peur de la mort est comprise dans la peur de perdre. Je crois sans l'ombre d'un doute (et ce, peut-être depuis l'époque où j'ai suivi des cours sur la psychologie freudienne) qu'au niveau inconscient le désir et l'instinct de rester en vie sont insurpassables. Beaucoup d'entre nous fonctionnent à partir de l'ego et refusent même d'envisager que la vie a une fin, ce qui explique notre peur de la mort. Cette peur naît du fait que la mort est un état sur lequel nous n'avons aucun contrôle. La mort est l'inconnu absolu, au-delà de nos sens humains, de notre pensée rationnelle, logique. Nous avons peur de l'inconnu parce que nous ne savons à quoi nous attendre. Non seulement nous ignorons ce que la mort nous réserve, mais encore où nous irons, en admettant que nous allions quelque part. Il est dommage que la mort soit le sujet de reportage le plus efficace, car ce type de nouvelle saisissante, qui épouse invariablement la conception simpliste que notre société se fait de la mort, vient renforcer nos craintes.

Je m'étonne de constater qu'un nombre aussi élevé de personnes croient encore que la mort est la fin de toute existence. J'ai l'impression que mon travail contribue à dissiper cette conception et amène les gens à s'ouvrir à ce qui est au-delà de leurs sens physiques. Dès l'instant où je transmets le message d'un esprit à un être cher, en général, la vie de la personne est transformée à jamais. Quand je regarde en arrière, je regrette de ne pas avoir immortalisé sur vidéocassette ces expériences extraordinaires vécues au fil des ans. Il est difficile de rapporter les réactions des gens avec des mots – ce n'est tout simplement pas la même chose que de les observer en personne dans tout leur éclat. Ce sentiment, j'ai voulu le partager avec vous en rédigeant ce livre. Lorsque la communication s'établit entre les deux mondes – le monde matériel et le monde spirituel –, il ne se produit rien de moins qu'un rapprochement miraculeux.

On peut aisément comprendre que les gens soient nerveux lorsqu'ils viennent me voir. Il s'agit fort probablement de leur première expérience avec un médium et ils n'ont aucun élément de référence, sinon ce qu'ils ont pu lire sur le sujet ou les comptes rendus inexacts qu'ils ont pu voir à la télévision ou au cinéma. Quand je suis en séance avec des clients nerveux et impatients, je dois spécifier dès le début que les esprits se servent de *leur* énergie aussi bien que de la mienne. Je leur explique que, comme l'énergie ressemble énormément au courant électrique, leur nervosité créera une onde ou un effet multiplicateur dans cette ligne électrique, et les pensées transmises à travers moi seront inintelligibles. Plus ils demeurent calmes, plus la qualité de la communication s'améliore et plus il m'est facile de discerner les pensées de l'esprit. Ce qui m'importe le plus, c'est de mettre mes clients en confiance. Lorsque je commence à leur révéler certaines informations qui les concernent et qu'ils sont les seuls à connaître, ils se rendent compte de ma sincérité et cessent progressivement de se tenir sur la défensive. Je suis alors en mesure d'aller de l'avant, d'ouvrir les portes du monde spirituel et de les faire entrer dans l'inconnu.

Pour commencer, il est possible que je *reçoive* un nom ou un trait de caractère particulier ou que je décrive l'esprit que je vois. Je peux aussi débuter simplement par ces mots : « Votre père est ici et il me dit qu'il est mort des suites d'une crise cardiaque. » Dès l'instant où l'individu confirme l'information et reconnaît l'origine spirituelle de celle-ci, l'énergie change du tout au tout à l'intérieur de la pièce. Une rencontre s'est amorcée, et il y a de l'émotion dans l'air. Chez le client s'opère non seulement un changement mental, mais également physique – yeux grands ouverts, bouche bée, gouttes de sueur perlant au front et battements cardiaques accélérés. À ce stade, le client veut en entendre davantage et commence à s'adresser directement à l'esprit. En général, je dois demander à la personne de se retenir, de se calmer, car l'esprit s'efforce de fixer une pensée en moi, et toute excitation excessive peut brouiller le signal.

En plus d'une euphorie évidente, on remarque une grande émotivité chez les clients, et il arrive très souvent qu'ils se mettent à pleurer. Dans leurs larmes se mêlent la tristesse, la joie extrême, le bonheur et le soulagement. Lorsque je leur transmets un message avec les inflexions et la mimique de l'être cher, ils réalisent brusquement que ce dernier *n'est pas mort* ! En outre, ils *sentent l'amour* se déverser dans la pièce depuis le monde spirituel. Comme les messages continuent de nous parvenir, s'il y a un « Thomas l'incrédule » au sein du groupe, celui-ci renonce à son scepticisme et se met à espérer. Toute apparence de tristesse laisse bientôt place à la joie, au bonheur sans mélange, à la satisfaction. Et qui plus est, la véracité des messages démontre qu'il existe bel et bien un monde au-delà de la mort, et tous en sont profondément touchés.

Lorsqu'il se produit des retrouvailles entre les vivants et les morts, les vivants prennent conscience, peut-être pour la première fois, que la mort ne les a pas dépouillés de la relation d'amour qu'ils ont vécue avec les membres de leur famille et leurs amis dans la dimension terrestre. Ils comprennent plutôt que les personnes aimées sont encore près d'eux et suivent avec un vif intérêt leurs activités quotidiennes. Les vivants sont également rassurés de savoir que leurs proches seront là pour les accueillir lorsque viendra leur tour d'entrer dans l'esprit. Ils se rendent compte également qu'ils ne peuvent continuer de vivre de la même façon, puisqu'ils ont entendu le témoignage de l'au-delà et senti son amour, et qu'ils ne sont plus dans l'ignorance. Forts de savoir que *la mort n'existe pas*, ils sont libres de vivre leur vie. En un instant, leur existence tourmentée se transforme en une vie qui accueille la *nouveauté* de chaque jour et chaque moment.

Avec une conscience nouvelle, les vivants reconnaissent qu'ils ont eux-mêmes un rôle important à jouer sur cette terre et ils ne veulent plus gaspiller le temps précieux qu'il leur reste. Le fait de savoir que nous sommes un, et que ce qui affecte un individu affecte l'ensemble, commence à transformer leur conception de la vie. Conscients de leurs responsabilités, ils se mettent à peser chaque pensée et chaque action, car leurs êtres chers leur ont révélé qu'ils devront *faire face* à leurs actions dans le monde spirituel. De plus, mes clients ont appris de leurs parents dans l'au-delà, que les retrouvailles ne sont pas uniquement réservées à la terre. Ils ont eux aussi retrouvé des parents âgés, des amis et des camarades de classe. Après plusieurs années de séparation, ils renouent avec des personnes chères passées depuis longtemps dans l'autre monde, où l'amour est éternel.

C'est-à-dire que personne ne sera jamais seul.

Joyeux anniversaire

L'une des réunions les plus touchantes s'est produite voilà plusieurs années, encore une fois entre deux personnes unies par des liens d'amour solides. Je reçus un appel téléphonique d'un certain Larry Gray. Presque octogénaire, c'était un homme très comme il faut, à la voix grave et théâtrale. Il m'a dit qu'un ami lui avait parlé de moi et qu'il se demandait si je pouvais l'aider à « faire une chose très spéciale ». « De quoi s'agit-il ? » lui demandai-je. Il m'expliqua que ce serait bientôt son cinquantième anniversaire de mariage et, dit-il, « … je veux le célébrer avec mon épouse ». Le seul problème, c'est qu'elle était morte. Je lui dis que cela pouvait s'arranger et nous sommes convenus de la date et de l'heure.

Le jour où nous avions prévu de nous rencontrer arriva et, à midi trente, on sonna à la porte. Je suis allé ouvrir. Larry Gray se tenait devant moi, un mètre quatre-vingt-dix, vêtu d'un complet brun de bonne coupe dans le style des années 1970. Au premier regard, je n'ai pu m'empêcher de penser : *Quel gentilhomme.*

Larry parla le premier. « Bonjour, je ne vous dérange pas, j'espère ? »

« Non, pas du tout. Vous devez être Larry Gray. »

« Oui, oui, c'est moi. J'espère que je ne suis pas en retard ou que je n'arrive pas au mauvais moment ? »

Larry avait une façon de s'excuser de chaque action qu'il posait, comme s'il ne voulait ni blesser ni déranger personne.

« Non, pas du tout, Larry. Je vous attendais. Entrez, je vous prie. »

Je le fis entrer dans ma salle de séance et l'invitai à s'asseoir sur le divan. Il prit de nouveau la parole et je me rendis compte que Larry aimait beaucoup parler. J'ai dû l'interrompre, car nous aurions manqué de temps pour la séance. Je lui fis cette remarque et il a répondu très poliment : « Oh, pardonnez-moi. Vous savez, je suis un vieil homme et les hommes de ma sorte aiment bien parler. Je suis désolé. Bien sûr, ce serait surtout à vous de parler. Voilà pourquoi je suis ici, n'est-ce pas ? » Larry eut un petit rire étouffé.

Je me suis assis et lui ai expliqué comment je procédais. Je récitai la prière d'ouverture et après avoir terminé, j'ai regardé à la droite de Larry et j'ai vu une jolie brunette habillée à la mode des années 1940. Je lui dis : « Je crois que Kay se tient à vos côtés, vêtue d'une robe rose pâle. Elle me fait penser à une actrice. »

« C'est qu'elle était actrice. Nous nous sommes rencontrés alors que nous faisions du théâtre à Berkeley », répondit Larry.

Je continuai. « Elle vous appelle *Amour*. Elle dit *Amour* au lieu de vous appeler par votre nom. »

« C'est joli. Nous nous donnions de petits noms tendres. Hé ! j'ai les cheveux gris et j'ai l'air d'un vieillard à présent. »

« Elle dit qu'elle a épousé votre cœur, pas vos cheveux. » Nous avons ri tous les deux, puis j'ai continué. « Kay dit que vous avez une très belle voix, que vous chantez tout le temps. »

« Oui, c'est exact. Toutes les fins de semaine, je vais chanter à l'Église de la science chrétienne, je fais partie de la chorale. Cela m'occupe. On est très aimable avec moi là-bas. »

« Elle me parle à présent de votre mariage. Vous êtes-vous mariés à l'extérieur de la Californie, par exemple à New York ? »

« Oui, dans la ville de New York. Peut-elle vous indiquer l'année ? »

« Je crois qu'elle me donne l'année 1940. »

« Oui, c'est ça. Et l'église ? Est-ce qu'elle veut vous donner le nom de l'église ? »

« Voyons un peu. » Après quelques minutes d'attente, je savais tout simplement qu'il était question d'une église pour les acteurs.

Larry répondit : « Eh bien, l'église se trouvait au coin de la rue et elle était fréquentée par les acteurs de tous les théâtres. Acceptera-t-elle de vous dire où elle habitait ? »

J'ai transmis mentalement la question à son épouse, puis j'ai dit quelques instants plus tard : « Elle mentionne quelque chose au sujet des quartiers résidentiels... Dans le Upper West Side, dans un minuscule appartement. »

« Oh, bien, très bien. Oui. Cela s'appelait Washington Heights. Ça alors, j'en ai le frisson. »

« Larry, elle mentionne quelque chose au sujet de Philadelphie. Voyez-vous un rapport quelconque ? »

« Oui. »

« Parce qu'elle parle d'un voyage à Philadelphie en train. Aviez-vous de la famille à Philadelphie ? Est-ce que vous comprenez ? »

« Oui. »

« C'était à l'époque de votre mariage. Vous viviez à New York et vous êtes allés à Philadelphie ? »

« Après notre mariage, j'ai dû aller à Philadelphie tous les dimanches pendant un certain temps, jusqu'à ce que je laisse mon église et en trouve une à New York. »

Je me suis mis à rire et à applaudir. « C'est bien. C'est bien. D'accord, attendez un instant. Voyons ce qu'il y a d'autre. « Kay me dit qu'elle était seule au moment de sa mort et qu'elle voulait qu'il en soit ainsi. S'il vous plaît, ne vous en faites pas pour cela. »

« Oui, cela m'a fait énormément de peine, Kay. Pour l'amour du ciel, tu aurais pu attendre. »

« Non, elle devait partir au moment voulu. C'est une femme adorable. Elle porte un ravissant chapeau, semblable à ceux qu'on portait dans les années 1940. Elle me dit qu'elle aimait porter des chapeaux et qu'il lui arrivait souvent de vous dire : "Je m'en vais en ville acheter un chapeau." »

« Oui, c'est parfaitement exact. Nom de nom, cela remonte à plusieurs années. Mais Kay aimait ses chapeaux. Oh ! la la, elle avait une jolie collection. Elle était toujours très bien habillée. Elle adorait les couleurs et les belles choses. »

« Elle les aime toujours. Elle ajoute quelque chose concernant le piano. »

Larry se mit à rire, insistant pour que Kay continue de me parler du piano.

« Elle me dit que vous avez le piano à la maison et qu'elle aimait à en jouer. Elle jouait sans arrêt. Elle me parle aussi de Wagner. Est-ce que cela vous dit quelque chose ? »

« Oui, certainement. C'est renversant ! J'ai acheté un piano pour Kay et il est encore dans la maison. Mais c'est moi qui jouais, elle n'y a jamais touché. Elle chantait et j'avais l'habitude de jouer pour l'accompagner. Nous avions une entente. Tu t'en souviens, Kay ? Oh, oui, je joue encore. Est-ce qu'elle me voit jouer ? »

« Elle vous voit en effet et elle se tient au même endroit, à gauche, comme elle avait l'habitude de le faire. Pouvez-vous m'expliquer au sujet de Wagner ? »

« Eh bien, je suis gêné de le dire, mais je collectionne de vieux disques. J'en ai un lot considérable. J'ai une prédilection pour la musique classique et, dernièrement, j'ai mis un disque de Wagner sur la platine. C'est peut-être idiot, mais je l'ai fait jouer toute la journée. C'est reposant. J'imagine que cela se fait ; ça ne fait de mal à personne. »

« Non, seulement à l'aiguille », répliquai-je. Cela nous a fait rire tous les deux. Je continuai de transmettre le message.

« Larry, Kay désire que vous sachiez qu'elle était avec vous tout à l'heure au cimetière. »

« Eh bien, c'est notre anniversaire de mariage aujourd'hui et je voulais qu'elle sache que je l'aime et que je pense à elle. Alors, tu le sais, Kay ? »

« Oui, et votre présence l'a rendue très heureuse. Elle adore les roses que vous avez apportées au cimetière. »

« Oh, ce n'est rien. J'ai pensé qu'elle les aimerait. »

« Elle les aime, continuai-je. Elle me montre une crypte. Dites-moi, s'il vous plaît, est-elle dans une crypte ? »

« Oui, elle est là et je serai à côté d'elle. »

« Elle me montre une image : vous êtes là avec les fleurs et, c'est drôle, elle place une tige dans votre main. Je ne sais pas ce que cela signifie. Le comprenez-vous ? »

« Je crois, oui. Lorsque je suis allé au cimetière pour la voir, il a fallu que je m'agrippe à une tige pour réussir à déposer les fleurs devant sa crypte, qui est placée très haut. Serait-ce ce qu'elle voulait dire ? »

« Oui, c'est ça. Elle me parle du parcours pour y accéder. » Kay commença à me transmettre très rapidement un autre message. Je regardai en haut et lui répondis : « Reçu… bien reçu… merci. » Je me tournai ensuite vers Larry. « L'endroit où elle repose est-il situé vers l'arrière ? C'est un peu tortueux, le chemin qu'il faut emprunter pour se rendre à cet endroit. C'est au fond, en bas des marches en marbre, puis de côté. Elle me raconte tout cela. »

Larry n'était pas certain. En essayant de déchiffrer le message de Kay, j'ai parfaitement réussi à nous perdre, Larry et moi, dans le labyrinthe. Je passai à autre chose.

« Il y a une dame près de Kay. Elle a une voix assez unique. Très théâtrale. Je crois qu'elle est aussi chanteuse d'opéra. Il est de nouveau question du piano. Savez-vous pourquoi ? »

« Oui, bien sûr. C'est Esther. C'était une chanteuse extraordinaire. Nous travaillions tous les trois ensemble au même théâtre. Elle m'a enseigné le piano pendant des années. Oh, mon Dieu, comme c'est agréable d'entendre parler d'elle. »

« Cette dame souhaite que je vous dise qu'il y a là-bas une importante communauté théâtrale. De nombreux professeurs de musique et de chant. Pourtant, c'est différent, la musique n'est pas la même que sur terre. Elle est plus pure. Nous avons ici l'harmonie à l'état pur. Sur terre, vous vous contentez d'en parler, mais c'est très en deçà de la vérité. »

« Merveilleux. »

La séance se poursuivit quelque temps avec sa femme et son professeur alors qu'ils évoquaient les souvenirs communs de leur passé terrestre. C'était de très belles noces d'or. *Que pourrait-elle ajouter pour couronner ceci ?* ai-je pensé.

« Larry, si je vous parle de Paris, cela vous dit quelque chose ? Je veux dire, est-ce que Kay et vous avez passé quelque temps là-bas ? »

« Oui, c'est un fait. Que dit-elle à ce sujet ? »

« Elle veut que je vous parle d'une visite à la tour Eiffel. Ce fut l'un des moments les plus heureux de sa vie. Savez-vous à quoi elle fait allusion ? »

Larry se mit à pleurer. Il prit un mouchoir, s'essuya les yeux et me regarda droit dans les yeux. « Ce fut aussi l'un des plus beaux jours de ma vie. C'est ce que nous avons fait le premier jour de notre lune de miel. »

« Kay dit que toute votre vie passée ensemble fut une lune de miel. »

Larry sourit et je continuai de transmettre son message.

« Elle sera toujours avec vous, Larry, et… attendez, elle souhaite que vous alliez à la maison et que vous lui jouiez une chanson d'amour au piano. »

Ces mots firent sourire Larry et il dit : « Ça alors, c'est bien Kay. Elle ne sait pas quand s'arrêter. »

« Elle ne s'arrêtera jamais », lui dis-je.

Charlie

Ce sont surtout les situations où je suis en présence de personnes qui s'aiment énormément l'une l'autre qui donnent de la valeur à mon travail. C'est ainsi que je voyais les choses jusqu'à ce que je reçoive un appel d'une personne qui m'a dit qu'une femme atteinte de surdité souhaitait me parler. « D'accord », ai-je répondu, puis la personne a traduit notre conversation. Susan, c'était son nom, était très déprimée et elle me demanda de lui accorder une consultation. Elle voulait savoir si cela pouvait s'arranger. J'ai répondu oui à la standardiste et la date du rendez-vous fut fixée.

Le jour de la rencontre, je me demandais si quelque chose se passerait. À onze heures, la sonnette de l'entrée se fit entendre. Deux femmes attendaient à la porte, l'une était frêle, avec des cheveux foncés ; l'autre avait une carrure un peu plus forte et une chevelure rousse. La femme mince se présenta à moi en disant qu'elle était l'interprète et qu'elle s'appelait Kathy.

Je les ai invitées à entrer et leur ai offert un verre d'eau. « J'espère que vous n'avez pas eu de difficulté à trouver l'endroit », leur dis-je. En regardant derrière moi, j'ai vu Kathy parler par signes à Susan. En nous rendant dans la salle de séance, nous sommes convenus qu'il serait préférable que Susan s'assoie en face de moi et que Kathy se tienne debout derrière moi pour traduire en langage des signes.

Je commençai par quelques mots d'introduction sur le mode de fonctionnement de la communication spirite. Étant new-yorkais d'origine, j'ai un débit plutôt rapide, mais Kathy suivit mon rythme du début à la fin. Cela m'étonnait de voir à quel point elle épelait avec rapidité mes paroles. En me remémorant cette situation, je me souviens du sentiment qui m'habitait, en particulier pour ce qui concerne l'amour et les forces de guérison prodigués par Kathy dans son travail. J'admirais ses talents d'interprète, et elle s'étonnait des miens.

Je débutai la séance en établissant le profil psychique de Susan. Lorsque je trace le profil d'une personne, j'utilise habituellement un bloc-notes et un stylo, puis je me règle sur sa structure énergétique personnelle et je note ou je dessine les impressions qui me viennent. Parfois, j'accomplis cet exercice au début d'une séance afin de favoriser la transmission des messages au cours de la séance. Si je livre à une cliente des informations médiumniques sur elle-même qui se révèlent exactes, elle sait immédiatement que je ne suis pas un charlatan. Tout doute est levé et la communication avec les esprits est grandement facilitée. Susan était une personne très solitaire, qui pouvait se montrer très entêtée. J'ai fait le portrait de sa famille, une famille peu ouverte où la communication était difficile, et lui ai dévoilé que sa surdité était causée par deux petits os, à l'intérieur de ses oreilles, insuffisamment développés au moment de sa naissance. Satisfaite de constater que je pouvais lui donner des renseignements aussi précis, elle reconnut que j'avais raison. Après avoir terminé son profil, j'ai récité ma prière et commencé à me mettre en état de réceptivité. Je ne tardai pas à recevoir des informations sur sa maison.

« C'est assez étrange, mais on me fait voir ce qui, d'après moi, doit être votre maison. Y a-t-il un divan de teinte brunâtre placé sous une fenêtre, recouvert d'une couverture ou d'une courtepointe multicolore ? »

Après un échange de signes, Kathy me fit part de la réponse de Susan. « Oui, c'est vrai. Il est juste en dessous de la fenêtre et il y a bien une couverture dessus, mais elle n'y est pas tout le temps. »

Je dois avouer que cela faisait une grande différence de recevoir une réponse d'une personne placée derrière moi, même s'il s'agissait d'une interprète.

Je poursuivis. « Il y a plusieurs photographies sur une étagère en métal placée à la droite du divan. Je vois également sur cette étagère ce qui ressemble à des fleurs en soie ou en plastique. Est-ce que vous acceptez cela ? »

« Oui, c'est tout à fait exact. »

« On me montre un tapis orange. Il est un peu usé à quelques endroits, surtout près d'une porte. Je pense qu'il s'agit de la porte d'entrée de votre appartement. On me fait également voir une cuisine. Un instant, j'ignore qui me donne ces informations. Attendez que je demande. »

Je demandai mentalement à l'esprit de me révéler son identité. Comme je ne recevais aucune réponse, je suis resté assis en silence. On me montra plusieurs photos sur un réfrigérateur, que je décrivis à Susan. « On me fait voir une quantité de photos sur le réfrigérateur. On voit un chien sur plusieurs d'entre elles. »

Susan éclata de rire et elle me dit que c'étaient des photos de son chien. J'allais continuer lorsque j'ai senti l'amour affluer dans la pièce, un amour qui paraissait si noble, si inconditionnel. « Charlie ! », laissai-je échapper.

Ces mots déclenchèrent une crise de larmes chez Susan. Ne sachant trop que faire, je la regardais fixement, dans l'attente d'une réponse ou d'une explication. De toute évidence, j'avais touché une corde sensible et je voulais savoir de quoi il s'agissait.

Kathy parla pour Susan. « Oui ! Charlie était mon chien. C'est pour entrer en contact avec Charlie que je suis venue ici. Il est mort il y a deux mois, et il me manque énormément. »

J'avais du mal à croire ce que j'entendais. Je comprenais pourquoi il m'était difficile d'identifier la personne. Il fallait se rendre à l'évidence : les renseignements étaient fournis *par le chien* ! Le chien me montrait les choses qu'il comprenait.

Susan s'affaira à parler par signes jusqu'à ce que, finalement, Kathy prît la parole. « Susie me dit que Charlie aimait passer tout son temps assis sur le divan et qu'il avait un faible pour la couverture. De temps à autre, il s'amusait aussi à déchirer le tapis devant la porte en faisant mine d'enterrer quelque chose. »

« Je vois. Je trouvais étrange de voir les images d'un angle différent, mais je comprends pourquoi à présent. Je les vois avec les yeux de Charlie. »

Quelques instants plus tard, je repris la consultation. « Charlie vous envoie beaucoup d'amour. Il me montre une lumière rouge en disant qu'il a fait quelque chose avec cette lumière. »

Surexcitée, Susan communiquait fébrilement par signes avec Kathy. « Oui, cette lumière m'indiquait que le téléphone sonnait. Lorsqu'il voyait cette lumière, Charlie venait me voir et il me poussait légèrement. Il était génial ! Il y avait chez lui des qualités très humaines. »

« Je reçois une pensée... il avait un joli collier rouge avec des bijoux... eh bien, ils ressemblent à des diamants. Je suis sûr que ce ne sont pas des diamants véritables. »

Susan partit à rire en précisant qu'ils étaient faux mais très brillants. Elle mentionna que cela l'agaçait lorsque les gens se moquaient de Charlie parce qu'il portait un collier « si féminin ».

J'eus un petit rire étouffé avant de poursuivre. « Charlie me raconte que vous le promeniez jusqu'à l'épicerie du coin pour acheter du lait et du pain. »

« Oui, c'est vrai. »

Je me mis ensuite à rire, car Charlie m'avait envoyé une pensée très comique et je m'empressai de transmettre son message.

« Charlie me dit qu'il n'aimait pas les bains dans l'évier. »

« Oui. Tous les vendredis soir, je lui donnais un bain et, vous avez raison, il n'appréciait pas du tout. Il se débattait tout le temps. Je crois qu'il s'est habitué au bout d'un certain temps. Puis-je poser une question ? »

« Oui, bien sûr. »

Susan se mit à pleurer doucement et à formuler une question par signes. « Est-ce que Charlie a beaucoup souffert lorsqu'il est mort ? Et, je vous en prie, voulez-vous lui dire que je regrette ? »

« Charlie a-t-il eu des problèmes avec ses pattes à un certain moment ? Je veux dire, était-il incapable de marcher ? Parce que je ressens une douleur du côté droit. »

« Seulement à la toute fin. Il était sous médication. »

« Savez-vous s'il souffrait du diabète ? »

« Oui, du diabète et de problèmes rénaux. C'est lui qui vous dit cela ? »

« Oui, il me révèle mentalement ce qui n'allait pas avant sa mort. Il me dit aussi qu'il vous aime beaucoup et que vous l'avez aidé. L'avez-vous fait euthanasier ? »

« Oui, mais ce n'est pas ce que je voulais. »

« Votre chien souffrait beaucoup à la fin. Vous l'avez vraiment aidé, le réalisez-vous ? »

Susan ne répondit pas. Elle inclina la tête et fit signe que oui.

« Charlie dort toujours au pied de votre lit. Vous donnez un sens à cela ? »

« Oui. Il venait toujours sur le lit au milieu de la nuit. À mon réveil, je voyais qu'il avait la tête sur l'oreiller à côté de moi. »

« Est-ce que vous connaissez quelqu'un qui s'appellerait Ivy ? Je sais que ça semble un peu étrange, mais je crois que c'est le bon nom. »

Susan se mit à réfléchir, mais elle n'arrivait pas à se rappeler. Puis, quelques minutes plus tard, cela lui revint brusquement : « Oui ! Je l'ai eu au bout du fil la semaine dernière. Elle m'aide à trouver un nouveau chien. C'est très difficile de trouver un chien pour les malentendants et elle m'a dit qu'elle pourrait en avoir un pour moi. »

« Je ressens chez cet animal la vibration ou la sensation très forte que vous aurez l'autre chien et que vous ne serez plus seule pour très longtemps. Charlie dit qu'il apportera son aide et qu'il s'assurera que l'autre sache quoi faire. En passant, il me présente un chien blanc. On dirait presque un husky.

Susan s'anima. « C'est le genre de chien qu'Ivy essaie d'obtenir pour moi. »

« Ne vous en faites pas, vous l'aurez. Charlie me dit que vous ne serez jamais seule ! »

Sur ce, nous avons remercié le monde spirituel de son appui et je lui ai demandé qu'il aide Susan à suivre sa voie.

Comme je l'ai mentionné précédemment, les animaux continuent d'exister après leur mort. Au moment d'entrer dans la dimension de l'esprit, les animaux acceptent leur transition presque comme s'il s'agissait d'un fait journalier. Ils ont certainement beaucoup à nous apprendre. On m'a souvent posé la question suivante : « Où ira mon fidèle animal après sa mort ? » Il existe aussi un paradis pour nos animaux de compagnie. Ces derniers accèdent à un monde d'une grande beauté, de type matériel – le même que celui occupé par les humains. Lorsqu'un animal meurt, il est accueilli par l'être humain (ou les êtres humains) avec lequel (ou lesquels) il a été en rapport sur la terre. Si personne n'est disponible, ou si l'animal n'a pas été associé à un être humain lors de son expérience terrestre, il arrive souvent que des esprits gardiens viennent à sa rencontre. Ce sont des âmes généreuses et aimantes qui s'occupent de nos animaux préférés jusqu'à ce qu'un membre profondément attaché à l'animal vienne le retrouver dans le monde spirituel. Il y a de fortes chances que ces gardiens soient des personnes qui adoraient les animaux lorsqu'elles vivaient sur la terre.

Il arrive assez couramment que l'animal mort depuis peu de temps revienne à son lieu de résidence terrestre. Il est probable qu'il s'assoira sur le même fauteuil, dormira au même endroit et vous observera de près. L'animal se souvient de l'amour, de la bonté que vous lui avez témoignés et il revient souvent veiller sur vous et vous protéger.

Aussi, je vous en prie, ne traitez jamais un animal, ou toute autre forme de vie, avec une totale indifférence. Nous sommes ici pour avoir part au mystère du dessein d'amour que Dieu a formé pour toutes Ses créatures.

La maladie d'Alzheimer

La mort lente et le dépérissement provoqués par la maladie d'Alzheimer portent non seulement atteinte à la dignité de la personne, mais ils se révèlent parfois inhumains. Pourtant, chaque année, des centaines de milliers de personnes sont frappées par cette maladie au lent développement. Dans la maladie d'Alzheimer, on assiste à une dégénérescence des cellules nerveuses à l'intérieur du cerveau ainsi qu'à une diminution de la substance cérébrale. La maladie s'accompagne de défaillances ou d'une perte de la mémoire et d'une désorientation spatio-temporelle. Dans les derniers stades, le malade pourra souffrir d'une psychose accompagnée d'hallucinations et de paranoïa.

Bien qu'on ne connaisse pas encore les causes de la maladie, il existe plusieurs hypothèses à ce sujet. Certains croient à une origine génétique ; d'autres sont convaincus que l'environnement est un facteur déterminant et mettent en cause le rôle du plomb et de certains métaux. Une chose est certaine : en raison du vieillissement de la population, la pression sur les familles et la communauté médicale augmentera également. J'espère de tout cœur que l'on procédera à de nouvelles études et que l'on parviendra à trouver des moyens pour mettre un terme à ce fléau dévastateur.

Les gens m'ont posé beaucoup de questions au sujet de leurs amis et des membres de leur famille atteints de la maladie d'Alzheimer, par exemple : *Peuvent-ils m'entendre ? Est-ce qu'ils me voient ? Où sont-ils ? Sont-ils toujours ici ? Sont-ils morts ? L'âme a-t-elle quitté le corps ? L'âme passe-t-elle à autre chose ? Qu'y a-t-il derrière tout cela ?*

J'ai rencontré un jour une charmante femme se prénommant Sydelle. Un ami lui avait parlé de moi. Au début de la consultation, elle déclara que son père était décédé et qu'elle avait besoin de trouver des réponses à certaines questions. Avant tout, elle souhaitait savoir s'il était en paix.

Quand nous avons commencé la séance, j'ai tout d'abord senti chez Sydelle beaucoup de nervosité et d'incertitude, non seulement à propos de la rencontre, mais aussi quant à son avenir personnel. Plusieurs questions semblaient lui trotter par la tête. Je l'assurai que l'on pouvait espérer que ses craintes et ses inquiétudes seraient dissipées par la communication que nous aurions avec l'esprit. Dès que je commençai à me régler sur son énergie, je perçus qu'il existait une certaine hostilité entre sa mère et elle.

« Sydelle, êtes-vous en froid avec votre mère ? »

« Non, nous ne sommes pas en froid. »

« Je ne veux pas être indiscret, mais j'ai l'impression que vous n'êtes pas sur la même longueur d'onde. »

« Je ne suis pas certaine de bien vous comprendre. »

« On dirait qu'elle est un fardeau pour vous à certains moments et que vous perdez patience avec elle. »

« Oh oui. C'est vrai. J'ai de la difficulté à lui dire la moindre phrase. »

Il y eut un tournant dans la séance et j'ai eu le sentiment qu'une porte s'ouvrait derrière moi, laissant passage à une foule de gens.

« Je sens que la pièce s'est remplie d'un seul coup. Attendez… laissez-moi capter les vibrations et découvrir qui est ici. » Je fermai les yeux et vis l'image d'un vieux monsieur. Il se tenait très droit et avait un visage grave. Il me donnait l'impression de n'être *plus vraiment là.*

« Sydelle, je crois avoir votre père ici. Je sens qu'il avait quelque chose à la tête avant sa mort, car il me donne la très nette impression que toute la région du cerveau était touchée. Je perçois aussi qu'il a fait un très long séjour à l'hôpital ou dans une maison de repos. A-t-il été alité très longtemps ? »

« Oui, papa a souffert de la maladie d'Alzheimer pendant treize ans. »

« Oh, mon Dieu, c'est pour cela que je me sens si perdu. Il n'arrive pas à y croire. Il faut que je vous dise, il ne s'est pas encore tout à fait acclimaté. Ou si vous préférez, il éprouve un tel sentiment d'incrédulité quand il regarde autour de lui. »

« Eh bien, je pense qu'il ne croyait pas à ce genre de choses. »

« Peut-être bien, mais... Votre père vous remercie d'avoir allumé le cierge. Est-ce que vous arrivez à comprendre cela ? »

« Oui, j'ai allumé quelques cierges quand il était malade pour qu'il lui soit plus facile de passer dans l'autre monde. »

« Il désire vous remercier pour ce geste de même que pour les prières, qui l'ont tellement aidé. Il dit qu'il est encore un peu désorienté, mais que, peu à peu, il commence à comprendre. Son service funèbre a-t-il été célébré dans un temple ? »

« Oui. »

« Il était là. Il vous a tous vus, dit-il. Toutefois, il a été un peu surpris du nombre de personnes qui étaient présentes. Il dit qu'il s'attendait à ce qu'il y en ait le double. »

« Il avait tant d'amis. Mais comme il a vécu isolé pendant si longtemps, il ne lui en restait plus beaucoup. »

« Qui est Jack ? »

« C'est lui, c'est son nom. »

« Il parle d'une couverture africaine et mentionne quelque chose en rapport avec des photos. Il a vu toutes les photos. Avez-vous exposé des photographies de votre père, qui le représentaient à différentes époques de sa vie ? »

« Oui, c'est exact. À ses funérailles, j'ai disposé des photos de lui sur l'une de ses couvertures africaines pour en faire un collage sur la vie de mon père. »

« Qui est Rose ? »

« Sa mère. »

« Il veut que vous sachiez que Rose est venue à sa rencontre après sa mort. Il ne l'avait pas vue depuis très longtemps, n'est-ce pas ? »

« Elle est morte quand il était enfant. »

« C'est une drôle de personne. Savez-vous qu'elle vous observe dans votre cuisine ? Et aussi, elle aime le genre de vêtements que vous portez. Elle me fait voir des robes amples. »

Sydelle eut un rire sonore et me remercia d'avoir fait entrer en scène sa grand-mère. « Je ne l'ai jamais connue, mais je suis contente qu'elle soit près de moi. »

Jack reprit la parole et je continuai de délivrer les messages. « Votre père mentionne le nom de Mark en disant qu'il lui apporte son aide. »

« Mark est mon frère. C'est particulièrement intéressant, puisque Mark a repris l'entreprise de mon père après sa mort. »

« Savez-vous si Mark a les épingles de cravate ou les boutons de manchettes de Jack ? »

« Oui, il porte les boutons de manchettes de mon père. »

« Savez-vous s'il y a des récompenses ou des distinctions honorifiques sur les murs de son bureau ? »

« Oui, il est installé dans le bureau de mon père et la pièce est telle qu'il l'a laissée. Il s'agit de récompenses pour le meilleur vendeur. Elles se trouvent sur le mur derrière le bureau. »

« Votre père me montre son fauteuil vert foncé. Votre frère utilise ce fauteuil quand il est dans son bureau. Demandez-lui s'il vous plaît s'il y a un accroc ou une déchirure sur le siège. Je crois que, lorsqu'il s'assied, elle se trouve sous sa jambe droite. »

« Cela peut sembler étrange, mais voulez-vous que je vous dise ? Mark a mentionné qu'il devait se procurer un nouveau fauteuil, car l'ancien est usé. J'ignore s'il est déchiré, mais je vais certainement lui poser la question. C'est tout bonnement incroyable. »

Il est rare que des clients consultent l'au-delà pour leurs affaires. Bien sûr, je les préviens que le monde spirituel n'est pas nécessairement informé de la suite des événements. Comme je l'ai dit plus haut, trop de facteurs entrent en ligne de compte, y compris la loi du karma. Je dis à mes clients : « Nous pouvons demander à l'esprit, mais, je vous en prie, sachez que vous devez prendre vos propres décisions. Ce n'est pas à l'esprit de vous dire comment mener votre vie ou vos affaires. »

C'est ce que j'ai dit à Sydelle et elle a répondu que les conseils de son père seraient bienvenus, puisque à l'origine, il était le propriétaire de l'entreprise. « Je suis sûre qu'il me donnera de judicieux conseils. »

Je lui rapportai ce que je recevais. « Savez-vous si votre frère a envisagé de se trouver un partenaire ? »

« Je n'en suis pas sûre, mais je lui demanderai. »

« Très bien. Il me dit que ce fut très difficile de faire de l'argent avec cette entreprise. Cela semble pénible. Mais, dit-il, il faudra que vous attendiez, parce que cela va changer et que vous finirez par vendre ce commerce. »

La surprise fit sursauter Sydelle. Elle affirma ne pas avoir l'intention de vendre. En fait, ils avaient l'intention de garder l'entreprise dans la famille aussi longtemps que possible.

« Votre père dit qu'il s'est trop inquiété au sujet de son entreprise et que cela a occupé toute sa vie. Il ne veut pas que vous adoptiez le même mode de vie. Il regrette de ne pas avoir eu plus de temps sur la terre afin de le consacrer à autre chose qu'au travail. Il croit qu'il aurait pu accomplir bien davantage s'il s'était donné du temps. Quand cela concernait le travail, il était inflexible et exigeant. Il voulait faire marcher les choses pour faire ses preuves. Il dit que vous auriez pu lui en apprendre. Vous lui avez beaucoup appris. »

Sydelle était gagnée par l'émotion, tout comme son père. C'est alors qu'il parla de la mère de Sydelle.

« Il se fait du souci pour votre mère. Il me dit qu'ils se disputaient trop souvent. Il y a une partie de lui-même qui l'aime toujours, et il arrive à mieux la comprendre. Elle n'est pas bien dans sa peau. Elle attend qu'on fasse les choses à sa place. Vous avez une vie à vivre. Il faut le lui faire remarquer. »

« Je le ferai. »

J'ai demandé à Sydelle si elle avait des questions pour son père. Sa question m'a aidé à changer d'opinion au sujet des gens qui sont atteints d'Alzheimer.

« Où était mon père pendant la période où il avait l'Alzheimer ? Je veux dire, où était son esprit ? Était-il mort, était-il parti ailleurs ? »

« Votre père trouve votre question intéressante et il dit qu'il va essayer de répondre du mieux qu'il peut. Sur le plan de la compréhension, il existe une telle différence entre la terre et les mondes célestes. Il mentionne que la plupart du temps, il était inconscient et avait le sentiment de dormir d'un sommeil léger. Il mentionne, bien sûr, qu'à certains moments précis il était hors de son corps et, à ce qu'il lui semble, que son esprit regardait son corps étendu sur son lit et les gens dans la pièce. C'était difficile pour lui, car il n'avait pas la même notion du temps que nous. Il n'avait pas une pleine conscience du temps et de l'espace, comme celle que nous avons sur la terre. »

« Distinguait-il des présences spirituelles autour de lui ? »

« Il avait vaguement l'impression d'être entouré d'énergies, mais il ne sut qu'après sa mort de qui il s'agissait. Il dit que Rose et un homme évoquant l'image paternelle vinrent le chercher. »

J'ai dit à Sydelle que des réponses similaires avaient été données par plusieurs autres personnes de l'au-delà qui avaient souffert de la maladie d'Alzheimer. Certains ne savaient pas où ils se trouvaient. Plusieurs avaient été plongés dans le sommeil pendant toute la durée de l'expérience. D'autres sortaient souvent de leur corps ; ils s'apercevaient de la présence de leur famille et avaient tenté à plusieurs reprises de leur transmettre des messages.

Elle insista. « Pourquoi a-t-il dû passer par là ? »

« Il n'est pas sûr que vous allez comprendre parfaitement, mais, croyez-le ou non, il a choisi cette expérience avant de venir sur terre. Il me dit qu'il devait subir cette expérience afin d'être quitte. »

Je lui ai ensuite expliqué comment je voyais la situation : il arrive souvent qu'un esprit doive être affecté d'une maladie quelconque afin de triompher de celle-ci, de devenir plus fort et de briser la chaîne, de sorte que la maladie soit éliminée de la lignée familiale.

À la suite de cette séance, qui s'est déroulée il y a plusieurs années, Sydelle et moi sommes devenus amis. Tous les deux ou trois mois, elle me téléphone pour prendre de mes nouvelles. Dernièrement, elle m'a dit ce qui suit : « Je ne sais pas si tu te rappelles, mais dans l'une des premières consultations que tu m'as accordées, j'ai posé une question à papa au sujet de l'entreprise. Il a dit que nous trouverions un associé et que nous finirions par la vendre. Je voulais seulement te dire qu'il y a quelques mois mon frère a pris quelqu'un comme associé et qu'en ce moment même il signe le contrat de vente de la concession. »

Dites-lui du haut de la montagne

La prochaine séance compte parmi les plus célèbres de ma carrière. Un an après celle-ci, comme on parlait beaucoup des révélations incroyables qui avaient été faites alors, l'émission *Unsolved Mysteries* du réseau NBC demanda à reconstituer la séance. Quelques mois plus tard, on passa des auditions afin de trouver un comédien qui me ressemblait. Ensuite, au bout de quelques mois, on procéda à l'enregistrement. Depuis le tournage, il y a quelques années, l'émission est devenue l'un des épisodes les plus populaires de toute la série *Unsolved Mysteries*. En outre, elle est souvent présentée sur la chaîne câblée Lifetime. C'est l'une de mes séances les plus mémorables.

Cela se passait au mois de juin 1995. J'attendais mon prochain client assis à l'extérieur de mon appartement. J'ai vérifié mon agenda, mais les noms inscrits pour le rendez-vous de dix-huit heures m'étaient inconnus – Don et Sue Raskin. Cinq minutes avant dix-huit heures, un couple remonta l'allée à pied. Je me rappelle la première idée qui m'est venue en les voyant. L'homme n'avait pas l'air bien. En fait, il semblait assez malade. J'ai d'abord pensé qu'il était accompagné de sa fille, mais il s'est avéré que c'était son épouse.

Après avoir dit ma prière, j'ai immédiatement noté la présence de plusieurs esprits autour de nous. Je ressentis de très fortes énergies masculines et plusieurs présences féminines. Espérant que parmi les esprits présents se trouvaient la ou les personnes avec qui ils souhaitaient entrer en contact, j'ai commencé à communiquer mes sensations et mes observations.

« Il faut que je vous dise que lorsque vous avez franchi la porte, il y avait un jeune homme derrière vous, Don. Il semble être mort jeune. Avez-vous un fils dans l'au-delà ? »

Ils se regardèrent d'un air surpris, et d'un mouvement très lent, tournèrent les yeux vers moi et affirmèrent que c'était exact.

« Oui, il s'appelle Doug. »

« Il dit qu'il vous aime énormément et que vous n'avez rien à craindre. Il vous aime vraiment. Il vous aime. Il n'arrête pas de me dire ces mots. Est-ce que l'initiale *A* signifie quelque chose pour vous ? Connaissait-il quelqu'un qui s'appelle Adam ? »

« Je ne crois pas », répondit Sue.

Je jetai un coup d'œil à Don et lui parlai de sa mère et de son père. « Votre fils dit que votre maman et votre papa sont ici ce soir. Ils sont entrés en tenant votre fils par la main. Est-ce que l'initiale *M* vous dit quelque chose ? »

« Oui, c'est mon père. Il s'appelle Mike », répondit Don.

« Il y a également une dame ici portant un nom tel que Lillie, Millie ou Ellie. »

Sue intervint dans la conversation. « C'est ma sœur. Elle est morte aussi. »

« Est-ce qu'on l'appelait aussi Babs ? »

« Oui, entre autres. »

« Votre sœur est très drôle. Elle et Mike plaisantent ensemble. Ils s'entendent bien. Mais votre fils veut dire quelque chose. Il dit qu'il est l'invité d'honneur ce soir. A-t-il séjourné à l'hôpital ? »

« Oui. »

« Il dit qu'il se sentait mal. Est-ce que ce fut totalement inattendu ? Il dit que les gens ont été bouleversés. Qu'ils ne s'y attendaient pas. Cela ressemble à un accident. Y a-t-il eu des blessures à la tête ? »

« Oui, c'est exact. »

Les Raskin se rapprochèrent l'un de l'autre en se prenant les mains.

« Il m'indique une douleur à la tête. Je crois aussi que le cou a été touché. A-t-il été un certain temps dans un hélicoptère ? Car il sait qu'il a fait un tour d'hélicoptère. »

« Oui, il a été transporté à l'hôpital par hélicoptère. »

« Il me fait sentir le mouvement de grimper et me fait voir une montagne. J'ai aussi une impression de glissade ou de chute. Est-ce que vous comprenez ? »

Les deux se mirent à pleurer et reconnurent que l'information était exacte.

Je continuai. « Il dit qu'il avait toujours su qu'une chose semblable lui arriverait. Il a toujours vécu dangereusement. Vous n'y pouviez rien. Cessez de vous sentir coupables de ne pas l'en avoir empêché, car cela aurait été impossible. Est-ce qu'il avait songé à faire du deltaplane ? Il dit que s'il n'était pas parti en faisant de l'escalade, il serait mort en pratiquant le deltaplane. »

Don prit la parole. « Il a toujours eu le goût de l'aventure. Toujours à se lancer dans une chose ou une autre. »

« Aimait-il la photographie ? Il dit qu'il a pris des photos de tous les coins du monde. Il sait que vous avez regardé ses albums. Il dit que vous n'y trouverez aucune photo qui puisse se comparer à l'endroit où il se trouve maintenant. Les couleurs du ciel… Il y a une telle richesse de couleurs. Indescriptible ! Des violets et des roses clairs. Ne vous inquiétez pas pour moi, dit-il. Je vis une grande aventure ici. Qui est Tam ou Tammy ? »

« C'est sa sœur. »

« Voulez-vous lui dire qu'il l'aime et la remercie de tous ses bons souhaits, ses pensées positives, ses prières et son amour. Cela représente beaucoup pour lui. »

« Oui, nous n'y manquerons pas. »

« Est-ce que sa nièce lui a écrit une lettre ou une carte ? »

« Oui, je crois. Lors des funérailles », répondit Don.

« Votre fils l'a beaucoup aimée, voulez-vous le lui dire, s'il vous plaît ? Il mentionne aussi le nom de Mark. Connaît-il quelqu'un qui porte ce nom ? »

« Oui, c'était son meilleur ami. »

« Saluez-le de la part de Doug. Il vous prie de lui dire qu'il sera toujours près de lui et qu'ils resteront toujours de bons amis. »

Je jetai ensuite un regard à Don, qui n'avait pas l'air en forme. Je compris que son chagrin avait pris toute la place dans sa vie et qu'il n'était plus que l'ombre de lui-même. Je lui communiquai les inquiétudes de son fils au sujet de sa santé.

« Don, Doug dit de prendre garde de ne pas développer un ulcère. Il dit que vous avez des problèmes de sommeil. Avez-vous consulté un médecin à ce sujet ? »

« Oui, pas plus tard que la semaine dernière. Il m'a prescrit des somnifères. »

« Il souhaite vous dire que vous l'avez aidé à vivre sa vie pleinement. Vous l'avez toujours supporté. Vous avez toujours cru en lui. Vous êtes le meilleur. Vous êtes le meilleur, dit-il. Y avait-il une photo de lui au service funèbre ? »

« Oui. »

« Il me montre un tableau couvert de photographies et au milieu, une grande photo. Il dit que vous avez eu de la difficulté à trouver cette photo centrale. »

Ils se mirent tous les deux à rire et Sue se mêla ensuite à la conversation. « Nous avons cherché partout pour trouver la photo principale. Nous avions plusieurs photos de Doug prises au cours de ses différents voyages. »

« Il a vu comme la pièce était encombrée et il ne voulait pas que vous vous donniez autant de mal. »

« C'est ce que nous voulions, pour célébrer sa vie. »

« Doug me dit que vous avez choisi des pièces musicales pour le service funèbre. Il m'explique qu'elles avaient des accents écossais ou irlandais, comme celles d'Enya. »

« Enya ! C'est précisément ce que nous avons choisi ! »

Je regardai Don, puisque la question de Doug s'adressait à lui.

« Don, faites-vous régulièrement de l'exercice ? Parce que Doug me montre un cheval. Pourquoi n'allez-vous pas tous les deux faire de l'équitation ensemble ? »

« J'y vais avec mon meilleur ami. C'est la chemise que Doug m'a offerte », répondit Don.

« Prends plaisir à la porter, papa. Je t'en prie, amuse-toi à ma place. Prends simplement le temps de t'amuser. »

À ce moment précis, je reçus une question fort singulière et je m'étonne encore aujourd'hui de la réponse obtenue.

« Avez-vous fait reproduire ou fait un double d'une photo de lui ? Cela le fait rire, comme s'il s'agissait d'une plaisanterie secrète ou de quelque chose du genre. »

« La photo a été prise lors d'un voyage que nous avons fait avec Doug. Notre fille a remarqué une tache de lumière au centre de la photo qui ressemblait à un nuage de fumée en forme de cœur. Elle distinguait les mots *Je vous aime* dans le cœur. Elle a fait faire un agrandissement de la photo ! »

« Il dit, c'est moi qui ai fait cela. Ça le fait rire. Comprenez-vous ? C'était moi. C'était un cadeau pour vous. Prenez cela comme une carte postale du paradis. »

Ce dernier fragment d'information démontre encore une fois que le pouvoir de l'amour transcende même la matière. Le reste de la séance permit d'entendre la mère et le père de Don, ainsi que sa tante Bea. Chacun raconta de façon détaillée qu'ils avaient connu Don enfant. Puis Doug entra en scène et garda la parole jusqu'à la fin. Chacune de ses pensées confirmait que la vie se poursuit après la mort.

Je demandai à Sue : « Est-ce que vous avez découpé des articles dans les journaux ? »

« Oui. »

« Ils étaient tous autour de vous et vous regardaient faire. C'était quand ? »

« La semaine dernière. Il y avait un long article consacré à la mort de Doug. Ce n'était pas une notice nécrologique, mais cela concernait le mont Fuji. »

« Allez-vous faire une sorte d'album de coupures ou de livre souvenir ? Il dit que vous rassemblez tous les éléments, mais que vous ne les avez pas encore collés. Vous les avez mis dedans. Il le sait. »

Ils ont souri tous les deux et j'ai continué.

« Kieto. Qu'est-ce que ça veut dire ? »

« C'est au Japon, non loin de l'endroit de l'accident. Nous étions à Kieto avec lui. »

« Avait-il une bicyclette ? Un vélo de montagne ? Êtes-vous au courant pour le vélo ? »

« Nous avons demandé qu'on nous l'expédie à la maison. »

« Il mentionne qu'il aime particulièrement la photo de lui prise au pied du mont Fuji. Est-ce que vous l'avez ? »

« Eh bien, nous n'avons pas encore eu les épreuves que l'équipe d'alpinistes a fait développer. »

« Est-ce que vous vous en rappellerez ? »

« Oui, bien sûr. »

La rencontre se prolongea durant un autre quart d'heure. En quittant ma maison, les Raskin n'étaient plus habités par les mêmes sentiments qu'à leur arrivée. À voir le visage de Don, on pouvait être certain que ce dernier était sur la voie de la guérison. Ils savaient non seulement que leur fils vivait toujours, mais encore qu'il était constamment près d'eux.

J'ai découvert plus tard que Doug Raskin n'était pas un fils ordinaire. Il semblait être un ange céleste. Il avait passé plusieurs années à voyager dans des pays lointains et à aider les défavorisés. Il avait même traversé des eaux tumultueuses à la nage, de la nourriture attachée à son dos, pour que des pauvres gens puissent avoir de quoi manger. Il était aventureux et généreux. Tous ceux qui ont croisé sa route ont certainement été touchés par sa lumière.

Environ deux mois après la première rencontre, le téléphone sonna. À l'autre bout du fil, Sue Raskin m'annonça qu'elle venait de recevoir le courrier. L'équipe d'alpinistes avait expédié les photos. « La première photo que j'ai sortie fut celle de Doug au pied du mont Fuji, arborant un grand sourire », dit-elle.

TROISIÈME PARTIE

L'ÉTAPE SUIVANTE

9

Par-delà le deuil

Il y a un temps pour tout
et un moment pour chaque chose sous le ciel.
Il y a un temps pour naître et un temps pour mourir.
L'Ecclésiaste 3, 1

Pouvons-nous jamais nous consoler de la perte d'un être cher ? Comment vivre à nouveau sans la présence de l'être aimé dans notre vie ? Les souvenirs heureux des moments vécus ensemble peuvent-ils nous aider à recommencer à vivre ?

Il n'est pas facile de répondre à ces questions. Dès qu'une personne passe du monde physique au monde spirituel, il ne nous est plus jamais permis d'être physiquement en sa présence. Mais nous pouvons toujours être en contact avec elle et la faire participer à notre vie en gardant son souvenir bien vivant dans notre cœur et en prenant conscience qu'en tant qu'être spirituel non soumis aux propriétés du monde physique, elle est plus près de nous qu'elle ne l'a jamais été.

Ainsi qu'il est dit dans la Bible, il y a naturellement un temps et un espace pour chaque événement, ou chaque expérience, sur cette terre. À chacun de nos retours dans la dimension physique, nous vivons une expérience de croissance sur le plan de l'âme. Chaque événement de notre vie détermine et mesure notre croissance. Dans le cycle des saisons, la nature meurt à l'hiver pour renaître au printemps, il en est de même pour la vie qui comporte nécessairement une fin et un recommencement. La croissance est au centre de tout ce que nous faisons.

C'est à cette fin que, sur cette planète, chaque créature vit des deuils de toutes sortes : perte d'emploi, pertes causées par un divorce, un accident ou un acte criminel, rêve non réalisé ou simplement le fait de vieillir. Il se peut que nous considérions ces pertes comme de douloureux changements, mais nous découvrons souvent qu'il y a aussi un temps et un espace pour celles-ci dans nos vies. Afin de vivre et de transformer l'expérience de la perte, il existe des étapes que nous pouvons franchir pour commencer à mener une vie plus saine, plus heureuse et mieux centrée. La première de ces étapes consiste à reconnaître et soigner notre souffrance.

Reconnaître notre souffrance

Il existe différentes formes de souffrance – physique, morale et émotionnelle. Les manifestations suivantes peuvent toutes être considérées comme des signes ou des symptômes de la souffrance : sentiment d'impuissance, anxiété, insomnie, peur, désespoir, irritabilité, colère, dépression, nausée, essoufflement, palpitations cardiaques et même pensées suicidaires. Il est important de comprendre qu'il est tout à fait normal et naturel de s'affliger de la perte d'une personne (ou même d'un emploi). Quand nous vivons un deuil, nous nous imaginons que notre vie est finie et que plus rien ne sera comme avant. Nous croyons que nous ne pourrons vivre, ne serait-ce qu'un autre jour, sans la personne que nous avons perdue. Nous avons l'impression que notre univers s'est écroulé. Rien ne semble aller ou avoir de sens. L'équilibre semble rompu dans tous les domaines de notre existence. Notre cerveau refuse de fonctionner correctement ; nous n'arrivons plus à prendre une décision adéquate. Nous constatons souvent que nous sommes impuissants à maîtriser nos émotions ou nous nous surprenons à pleurer à la moindre difficulté. On ne devrait jamais rejeter ou condamner toutes ces émotions qui font partie de l'expérience de la souffrance.

Dans de telles circonstances, il arrive couramment que les individus affligés par un deuil éprouvent une totale indifférence pour tout ce qui concerne leur santé physique, émotionnelle et morale. Il est extrêmement important pour ces personnes de faire face à leur souffrance en se donnant pour but de recréer une certaine impression de bien-être dans leur vie.

Comment atteindre ce but ? Comment guérir notre souffrance ? Bien que le présent ouvrage traite de la perte d'un être aimé, les étapes décrites plus bas peuvent s'appliquer à toutes les pertes – que nous perdions une personne, un animal familier, une maison, un emploi ou notre santé à cause d'une longue maladie. Cette démarche de guérison vaut pour la plupart des situations où nous nous sentons dépossédés.

1. Le choc

Quand ils apprennent la mort d'un proche, les gens peuvent d'abord réagir comme s'ils avaient reçu un choc, ou être figés de douleur et se dire à eux-mêmes : *Ça ne se peut pas*. Ils pourront même refuser l'idée qu'un malheur soit arrivé. En les voyant errer péniblement, presque inconscients de leur entourage, on croirait qu'ils sont devenus somnambules ou zombies. Plus tard, ils n'auront peut-être aucun souvenir des premiers jours qui ont suivi l'annonce du malheur. Cette perte de mémoire est le moyen mis en œuvre par la nature pour venir à notre aide. Par ce passage à vide, notre esprit tente inconsciemment de faire face au changement brutal survenu dans notre vie.

Ce choc initial peut durer quelques heures ou quelques jours. Lorsque l'effet se dissipe, il est important de pouvoir compter sur un ami ou un proche qui nous aidera à surmonter l'épreuve. Souvent, la famille et les amis nous apportent leur soutien au moment des funérailles, mais une fois la cérémonie terminée, ils ne sont plus là. C'est généralement à ce moment que nous nous relevons du choc reçu et que nous avons le plus besoin d'une présence. Car lorsque le choc est passé, la vraie souffrance commence.

Lorsque vous vivez un malheur, n'oubliez pas qu'il est normal de réagir avec colère et tristesse à une perte importante. Vous vous relèverez. La vie reprendra de nouveau un cours à peu près normal.

2. Le refus

Chaque fois que nous avons de la peine, nous avons tendance à le nier. En agissant de la sorte, nous croyons apaiser notre souffrance. Nous voulons tellement qu'elle disparaisse, aussi, en niant notre douleur, nous tentons de nous convaincre qu'elle n'existe pas. Il s'agit encore une fois d'une manœuvre de l'inconscient pour tenter de faire face à la perte que nous vivons. Le refus peut se manifester de différentes façons :

1. Nous nous désintéressons ou nous cessons de nous occuper des questions quotidiennes.
2. Nous dormons trop ou nous souffrons d'insomnie.
3. Nous perdons l'appétit.
4. Nous négligeons notre hygiène corporelle quotidienne.
5. Nous nous laissons aller à la déprime et semblons incapables d'en sortir.

Encore une fois, nous devons comprendre que le refus représente une étape normale dans le processus du deuil et que nous pouvons dépasser ce stade.

3. Ressentir

Le premier pas vers la guérison consiste à accepter la réalité du fait – vous avez subi une perte. La perte est réelle et il est important de l'accepter. Il est normal de ressentir une émotion. Assurez-vous que vous *sentez* quelque chose ! Ne réprimez pas votre colère, votre tristesse, votre découragement ou votre faiblesse. Ce sont des sentiments tout à fait normaux. Ne dissimulez pas ou n'occultez pas vos sentiments, en vous disant que vous manquez de maturité, que *ce genre de comportement est inacceptable*. Si vous avez envie de pleurer, laissez-vous aller. Pleurez ! C'est une réaction naturelle et essentielle à la guérison physique. En fait, il est prouvé scientifiquement que les larmes de tristesse ont une composition biochimique différente de celle des larmes que la joie ou le rire nous font verser. Par conséquent, le fait de pleurer vous aide à éliminer certains produits chimiques de votre organisme.

Il est naturel que vous pensiez fréquemment à l'être cher, et quand vous le faites, il arrive parfois que la colère se mêle insidieusement à vos pensées. Si vous éprouvez de la colère, permettez-vous de l'exprimer sans que cela blesse autrui ou vous-même. Passez votre colère en pratiquant un sport, en frappant un oreiller ou en vous rendant dans un endroit désert pour crier à votre guise. Vous avez mal, vous êtes triste, et c'est compréhensible. Il est sain de laisser sortir votre colère de façon positive.

De plus, ne tentez pas de définir ce que vous *devriez* éprouver. Nous sommes tous des individus distincts et nos relations interpersonnelles nous sont propres. Par conséquent, chacun réagit différemment à une situation, en particulier à une perte. Ne portez pas de jugement sur vous-même en vous fondant sur les émotions d'autrui. Il n'y a pas de bonnes ou de mauvaises émotions.

Il nous arrive souvent de vouloir nous soustraire à la souffrance le plus rapidement possible, c'est pourquoi nous essayons de la soigner avec des tranquillisants. Il est parfois nécessaire d'y recourir pour obtenir rapidement un soulagement temporaire. Cependant, à la longue, les médicaments nous empêchent de progresser et les émotions que nous tentons de réprimer refont habituellement surface sous une forme ou une autre.

Dans bon nombre des séances que j'ai tenues au cours des dernières années, j'ai rencontré des centaines de personnes et j'arrive immédiatement à savoir si ces dernières n'ont pas tenu compte de leur douleur dans l'épreuve qu'elles ont vécue. Puisque l'extérieur reflète l'intérieur, leur corps parle. Elles ont tellement réprimé leurs émotions qu'elles sont en mauvaise santé. Elles sont littéralement rongées par la douleur et celle-ci se manifeste par une myriade de problèmes de santé et de maladies, dont l'obésité, les allergies, les malaises et les maux de toutes sortes, les problèmes respiratoires et, dans certains cas, le cancer.

Donc, pour demeurer en bonne santé, nous devons ressentir pleinement nos émotions. Elles permettent de prendre le pouls de notre vie.

4. Admettre et accepter

Après avoir vécu le choc, le refus, la douleur, la tristesse et la colère, nous passerons au stade de l'admission et de l'acceptation de la mort. C'est le premier pas vers un certain retour à l'équilibre dans nos vies. L'acceptation de la mort des personnes aimées ne signifie pas que nous approuvons leur disparition, mais tout simplement que nous envisageons la situation avec réalisme. Nous comprenons que ces êtres chers se sont éteints et que nous ne les reverrons jamais en personne. Cependant, nous serons de nouveau en leur présence lorsque le temps sera venu pour nous de passer dans la dimension spirituelle.

La mort, c'est la mort et vous n'y changerez rien. Le degré de souffrance sera proportionnel à l'intensité de vos sentiments pour la personne chère décédée. Mais il est important de comprendre que vous êtes en voie de guérison du seul fait que vous sentez votre peine. Vous serez à même de recouvrer vos forces et celles-ci commenceront à vous revenir. Vous reprendrez votre vie et continuerez à tirer les leçons de l'expérience, puisque vous êtes ici pour faire cet apprentissage.

5. Régler les questions d'ordre pratique

En plus de faire face à la mort sur le plan émotionnel, il est également essentiel de faire naître un sentiment d'ordre dans votre vie quotidienne dans les domaines pratique et pécuniaire. C'est particulièrement vrai lorsque la personne décédée s'occupait des questions d'argent au sein de votre relation. Encore une fois, vous ne devez pas avoir peur de demander de l'aide. Vous pourriez chercher conseil auprès d'un ami ou d'un membre de la famille ; ces derniers pourraient être en mesure de vous aider bien plus efficacement que vous ne l'auriez cru.

Si vous devez réclamer une indemnité à l'assurance maladie, veillez à ce que cela soit fait correctement pour éviter les soucis d'ordre matériel. Plus tôt cet aspect sera réglé, plus tôt votre condition générale s'améliorera. Vous ferez bien aussi de vérifier l'état de vos finances, de dresser des listes et de faire l'inventaire de vos biens, comptes bancaires, possessions, etc. Il sera peut-être nécessaire de faire la liste de toutes vos dépenses, de vos dettes et emprunts, de sorte à affecter les sommes nécessaires au règlement de chacun. Il est en effet possible que vous ayez à liquider vos biens. Dans la majorité des cas, vous devrez informer les créditeurs de ce décès récent, afin qu'ils puissent modifier leurs dossiers en conséquence.

C'est une période où il vous faudra vous occuper de toutes les questions juridiques se rapportant au défunt et à vous-même. Des copies du certificat de décès seront nécessaires afin de régler la plupart des questions financières et pratiques. S'il y a un héritage ou une succession, il sera peut-être nécessaire de vous mettre en rapport avec un avocat.

6. Aller de l'avant

Le soleil se couche, mais il se lève aussi. Vous avez traversé une période extrêmement troublée sur le plan émotionnel. À certains moments, cela semblait insupportable et vous n'aviez plus envie de continuer. Cependant, vous êtes rendu au point où vous êtes prêt à évaluer votre parcours et à aller de l'avant. Un nouveau chapitre de votre vie vient de s'ouvrir.

Le moment est parfait pour chercher conseil auprès d'un groupe de soutien ou d'aide aux personnes vivant un deuil. Il existe plusieurs groupes pour les gens qui ont vécu une forme particulière de perte, par exemple, la perte d'un conjoint, ou d'un enfant, ou d'un frère ou d'une sœur, ou d'un proche décédé du sida, du cancer ou d'autres maladies. Les individus qui font partie d'un groupe de soutien ont eux aussi vécu une perte semblable et ils ont souffert, comme vous. Chacun a besoin d'être aidé pour redémarrer sa vie. Je vous suggère d'assister à une rencontre d'un groupe de soutien et d'observer, afin de voir si vous êtes au diapason et si vous vous sentez à l'aise avec les autres membres. Lors de votre première visite, vous souhaiterez peut-être qu'un ami ou un membre de votre famille vous accompagne. Ce qui importe avant tout, c'est que vous n'hésitiez pas à chercher de l'aide.

Au cours de cette période, vous voudrez peut-être vous impliquer dans une activité sportive. Pourquoi ne pas devenir membre d'un gymnase, jouer au tennis ou au golf, faire une promenade à pied ou du jogging tous les jours ? Il est important de vous adonner à une activité physique, afin de vous maintenir en forme, de conserver votre vivacité d'esprit et votre équilibre émotionnel. En plus de libérer la colère, l'activité physique chasse la dépression et déverse des hormones bienfaisantes dans tout votre organisme.

Ainsi que je l'ai fait remarquer précédemment, la guérison d'un deuil ne se fait pas du jour au lendemain et il est impossible d'évaluer combien de temps il faudra à un individu particulier pour se remettre et commencer une nouvelle vie. Vous serez toujours entouré de ceux qui vous sont chers, même si vous n'avez pas conscience de leur présence. Les souvenirs que vous gardez d'eux peuvent constamment faire votre joie. Ne minimisez pas ces souvenirs, car ces instants sont tout aussi précieux que jadis, lorsque ces expériences ont eu lieu.

Les comportements prédisposant aux souffrances ou à l'épuisement

Il est important de savoir qu'il y aura des rechutes, aussi est-il nécessaire de rester attentif aux variations de l'humeur et des émotions. Par exemple, de nombreuses personnes régressent au stade du refus en niant que la mort a eu lieu. Certains sont impuissants à sortir de leur souffrance et de leur deuil, et ils adoptent parfois des comportements autodestructeurs. Veuillez apporter une attention spéciale aux signes suivants. Si ces symptômes durent longtemps, il est nécessaire de consulter un professionnel.

1. L'individu pourra commencer à nourrir des pensées suicidaires. De telles pensées sont courantes au début, mais il faut sonner l'alarme lorsque la personne va jusqu'à envisager la méthode qu'elle compte utiliser pour atteindre ce but. Il faut consulter préventivement.
2. Dans les premiers temps, il est possible que la personne éprouvée par un deuil ait besoin de prendre certains médicaments, tels que des tranquillisants et des euphorisants. Comme il est facile d'avoir une dépendance à l'égard de ces médicaments, l'état de santé de l'individu doit être suivi de près. Il est alors indispensable de voir régulièrement un médecin. Plus tôt la personne cessera de prendre des médicaments, plus tôt elle sortira du brouillard et sera en mesure de faire face à l'épreuve et d'amorcer le processus de guérison.
3. Si un individu délaisse complètement ses activités régulières et se met à avoir une idée fixe, ou s'il demeure solitaire et déprimé pendant de longues périodes, il est temps de consulter un professionnel pratiquant la psychothérapie de soutien. Le conseiller psychologique pourra ramener cet individu à la réalité.

Si douloureux qu'il soit, le processus du deuil est un aspect de l'expérience de la vie que nous subissons tous inévitablement. Nous ferons tous l'expérience de perdre un être que nous aimons. Nous survivrons à cette perte, il est essentiel que nous en prenions conscience.

Ce n'est peut-être pas évident à l'instant même, mais votre lumière est indispensable sur la terre. Il n'y a personne comme vous sur la terre, car vous êtes vraiment unique. Les gens ont besoin de vous ! Lorsque vous vivez une perte, il est possible que vous éprouviez un sentiment de culpabilité ou de mépris pour vous-même, en vous disant *si seulement* ou *j'aurais dû*, mais il ne sert à rien de vous malmener de la sorte. Ne vous complaisez pas dans ce genre d'attitude ! Le deuil que vous vivez peut vous aider à compatir davantage avec ceux qui vivent une situation semblable. Un jour, vous serez en mesure d'aider une autre personne à traverser l'épreuve du deuil. Si grande que soit votre perte, elle ne saurait l'emporter sur l'immensité qui vous habite. Soyez bon pour vous-même et félicitez-vous. Dites-vous à quel point vous vous aimez et comme vous appréciez le fait d'être vivant et d'avoir la force et le courage de vivre cette aventure extraordinaire que l'on appelle la vie.

10

La communication spirite

Je suis extrêmement sollicité par des gens qui veulent entrer en communication avec des proches qui sont décédés sans recourir à une aide extérieure. D'autres ont le sentiment d'être dotés, eux aussi, d'une sensibilité psychique ou médiumnique particulière et ils souhaitent développer cet aspect de leur être. Ce chapitre renferme des informations qui permettront d'arriver à ces deux résultats. Ce serait maladroit de ma part d'instruire ceux d'entre vous qui veulent entrer en contact avec des êtres chers sans fournir les éléments de base du processus de la médiumnité. Je crois que plus vous aurez de données sur le sujet, plus les résultats seront encourageants. Je vous conseille vivement de lire les notions suivantes et de les mettre en pratique chaque fois que ce sera nécessaire.

Il ne s'agit pas d'un jeu. Il n'est pas dans mes intentions de vous apprendre des *trucs* pour amuser la galerie en utilisant vos pouvoirs psychiques. Le développement de votre intuition doit être traité avec sérieux et respect. Il ne suffit pas d'agiter une sonnette pour qu'un esprit apparaisse subitement. Pour réussir, il faudra mettre les efforts nécessaires. N'oubliez pas que vos résultats seront à la mesure de votre discipline, de votre ferveur et du temps consacré au développement de vos facultés médiumniques. En même temps, vous devez savoir que, dans le monde des esprits, les membres de votre famille désirent aussi prendre contact avec vous et feraient l'impossible pour vous faire savoir qu'ils sont vivants.

Les esprits nous côtoient constamment, et même si certains parviennent à nous contacter sans que cela exige beaucoup d'efforts de notre part, pour d'autres, cela peut se révéler très difficile. Nous sommes tous des médiums à différents degrés. Ainsi que nous l'avons vu, un médium est un instrument, un *intermédiaire,* dont le monde des esprits se sert pour transmettre un message particulier. Car en quoi consiste la médiumnité, sinon à être inspiré par des pensées, des émotions ou des mots différents des nôtres ? Les artistes, les musiciens, les médecins et chaque créature vivante, ou presque, sont visités par l'inspiration. Souvent, nous pourrons croire que ces pensées sont les nôtres, mais elles émanent des dimensions spirituelles. Ces pensées permettent souvent l'expression des meilleurs aspects de notre créativité. L'activité créatrice ne se limite pas à l'art. Le chirurgien qui utilise un scalpel montre autant de créativité dans sa discipline scientifique que la ballerine qui exécute une pirouette.

Lorsque nous formons le projet d'entrer en contact avec les dimensions spirituelles, nous devons l'aborder en sachant que le monde des esprits, ou la dimension de la créativité divine, ne se limite pas à une région dans les nuages, hors de notre portée. Cet esprit créateur se trouve plutôt en haut, en bas, tout autour de nous et à travers nous. Il est intimement mêlé à notre propre monde. Il faut bien comprendre que ce monde physique n'est que l'une des nombreuses dimensions qui existent, que notre système solaire en est un parmi tant d'autres et que les êtres auxquels on donne le nom d'humains ne forment qu'une espèce parmi les autres. Telle est donc la première règle à suivre : posséder une grande ouverture d'esprit et aborder ce travail avec humilité et amour. Lorsque nous nous ouvrons aux dimensions spirituelles, nous devons nous engager dans cette activité avec un fonds de connaissances aussi riche que possible. Plus nous nous familiarisons avec les techniques, les règles à respecter et les lois spirituelles, plus l'activité médiumnique peut se révéler fructueuse, et plus les résultats sont explicites et exacts.

Dans les premiers temps où je me suis engagé dans cette voie, j'ai lu plus d'une centaine d'ouvrages provenant de diverses régions du globe, un lot constitué d'œuvres rédigées il y a une cinquantaine d'années aux parutions les plus récentes. Je me suis entretenu avec tous les voyants, les médiums et les instructeurs spirituels que j'ai pu rencontrer. J'ai visité un grand nombre d'églises non confessionnelles de ma région. Bien sûr, cela m'intéressait d'exercer cette activité pour être utile à l'humanité et pour répandre la connaissance et l'amour de la vie après la mort. Si vous souhaitez simplement parvenir à communiquer avec des êtres chers ou des guides, votre motivation diffère passablement de la mienne. S'il n'est pas nécessaire de vous astreindre à une recherche aussi approfondie que la mienne, n'oubliez pas cependant que plus vous en connaîtrez sur cette activité, plus il vous sera facile de comprendre et d'obtenir des résultats.

La discipline joue un rôle très complexe dans le développement de la communication spirite ou des dons spirituels. Même si vous avez envie de joindre les membres de votre famille dans le monde des esprits, cela ne signifie pas qu'il vous suffit d'éteindre la lumière pour qu'ils apparaissent comme par magie. Ce travail exige du sérieux et de la discipline. Il peut s'avérer dangereux de faire les choses au hasard et il est possible que les résultats soient loin d'être satisfaisants. Encore une fois, si vous désirez vous ouvrir aux mondes spirituels ou prendre contact avec ces dimensions, je vous exhorte à le faire, non par curiosité ou par amusement, mais avec vénération, humilité, discipline et respect. Votre évolution spirituelle n'est nullement un tour de passe-passe ou un jeu stupide. On récolte ce que l'on sème, et votre travail vous obtiendra les résultats mérités. C'est pourquoi vous devez connaître les lois spirituelles et physiques qui gouvernent cette activité avant de vous permettre de l'exercer. Pour commencer, il vous faut avoir une connaissance élémentaire des lois spirituelles et physiques et comprendre comment elles s'appliquent à votre évolution.

La motivation et le désir

Quelles sont les raisons qui vous poussent à vouloir développer vos aptitudes intérieures et à prendre contact avec les êtres que vous avez aimés ? Est-ce un motif superficiel, comme obtenir les numéros gagnants d'une loterie ? Est-ce pour découvrir où un parent a caché son testament afin de pouvoir encaisser votre part de l'héritage ? Est-ce pour connaître le nom de l'assassin de votre enfant ? Ou est-ce par simple curiosité ? Si votre intérêt se rattache à l'une ou l'autre de ces raisons, je vous recommande alors fortement de lire un bon roman à énigmes ou à suspense afin d'y trouver les émotions fortes désirées. On ne peut rechercher une communication pour se venger ou pour satisfaire sa soif du gain. Il n'y a pas de place pour la satisfaction des désirs égoïstes dans l'esprit, mais uniquement pour le travail de l'amour désintéressé. Car l'amour est la force qui nous rapproche le plus de l'esprit. Si vous voulez prendre contact avec les dimensions de l'esprit et les explorer, et ce faisant progresser sur le plan spirituel et éclairer les autres à votre tour, alors et alors seulement je reconnaîtrai que vos motifs sont valables.

La préparation

Quand nous pratiquons la médiumnité, nous devons nous préparer en conséquence afin d'être un canal facile pour l'esprit. La préparation se fait non seulement au niveau physique, mais aussi sur le plan émotionnel, mental et spirituel.

Sur le plan physique, il convient d'avoir une alimentation équilibrée. Plus l'alimentation sera saine, composée principalement d'un régime végétarien et incluant peu de sucres raffinés et de caféine, plus le corps aura de facilité à canaliser l'esprit. Soulignons que la viande rouge ralentit la vibration du corps et ce faisant diminue la portée de notre sensibilité. Dans ce travail, le système endocrinien joue un rôle de premier plan, en particulier les surrénales. Par conséquent, nous devons en prendre soin et ne pas leur imposer une fatigue excessive. En plus de dérégler complètement le taux de sucre dans notre sang, les sucreries et la caféine nuisent aux surrénales en augmentant leur activité. L'alcool ralentit le taux vibratoire normal de l'organisme et ne devrait jamais être consommé lorsque l'on se prépare à s'ouvrir au monde spirituel. La consommation habituelle d'alcool, ainsi que de stupéfiants, pourrait fort bien inciter des entités des niveaux vibratoires inférieurs de l'astral à se rapprocher de vous. Ces entités pourraient exercer une influence négative ou néfaste sur vous ainsi que sur les informations que vous recevez. N'oubliez pas que vous vous ouvrez à plusieurs dimensions de l'esprit. Vous devez vous assurer de faire l'impossible pour vous relier à la dimension la plus élevée.

Vous devez également vous préparer sur le plan mental et émotionnel. Lorsque vous faites ce genre de travail, il est essentiel d'avoir une vie équilibrée au point de vue mental et émotionnel. Vos pensées existent réellement et elles influencent directement votre état d'esprit. Par conséquent, vous devez toujours essayer, du mieux que vous pouvez, d'envisager la vie avec optimisme. Pour ce faire, je recommande vivement une forme quelconque de méditation, de visualisation ou d'exercice d'affirmations positives le matin au réveil. N'oubliez pas qu'un bon nombre de vos pensées matinales influent sur la façon dont vous vivez le reste de votre journée.

Les émotions agissent de concert avec votre système nerveux. Si votre système nerveux souffre d'un dérèglement et d'un excès de tension, il peut bloquer d'importants canaux de transmission de l'énergie psychique dans la région du corps éthérique qui longe la colonne vertébrale. Lorsque ces centres sont touchés, vous n'êtes plus en mesure de recevoir nettement l'information spirituelle et d'en saisir toutes les nuances. Il est intéressant de noter qu'à chaque fois que j'accorde une consultation et qu'un esprit se présente en pleurant parce qu'il est excité de pouvoir parler à un être cher, je constate que mes centres ou canaux récepteurs ne fonctionnent plus en raison de l'état émotionnel de l'esprit. Tous les systèmes opèrent à l'unisson et aucun ne prédomine sur les autres. Vous devez vous assurer de jouir d'un bon équilibre.

La préparation du moi spirituel constitue un autre facteur de toute première importance. Notre tâche spirituelle est une tâche d'amour et de service. Nous devons toujours aspirer à apporter autant d'amour et de compréhension que possible à chaque personne avec qui nous entrons en contact. Nos guides et amis du monde spirituel veulent travailler avec nous. Nous devons nous assurer que nous leur fournissons un instrument qui ne leur fasse pas perdre leur temps. Les habitants du monde spirituel aiment par-dessus tout nous transmettre la connaissance des mondes supérieurs qu'ils ont acquise. S'ils sont constamment à la recherche de personnes qui porteront le message de l'amour dans toutes les parties du monde, les esprits ne peuvent communiquer des informations qui dépassent l'entendement du médium. Par exemple, si on me demandait d'interpréter un concerto pour piano en *fa* mineur de Brahms et que je ne connaisse rien à la musique, il me serait impossible de jouer puisque cela n'entre pas dans mes compétences. D'un autre côté, si j'ai pris des leçons de piano pendant des années et si je m'y connais en musique, je n'aurai aucune difficulté à jouer du Brahms. Donc, pour réussir à obtenir les connaissances supérieures des mondes célestes, l'individu doit constamment s'harmoniser aux plus nobles qualités spirituelles, la plus élevée étant l'amour.

Que toutes vos rencontres et toutes vos actions soient dès maintenant placées sous le signe de l'amour et du service. Soyez un exemple vivant de la règle de l'amour. Que toute chose vous apparaisse comme l'expression de cet amour créateur que l'on appelle Dieu. Sachez qu'il est vain de juger, car le jugement relève du moi inférieur, ou de l'ego. Et de quel droit jugeons-nous les autres parce qu'ils n'ont pas encore assimilé certaines leçons de l'expérience humaine ? Le jugement naît souvent de la peur et la peur consiste à vivre hors du moi divin. Plus exactement, la peur vous incite à tourner le dos à la vérité. Dans votre effort pour pénétrer plus avant dans la compréhension de ce qu'incarne le moi, vous devez mettre au rancart tout ce qui est sans fondement : les jugements, les préjugés et les basses flatteries. Ouvrez-vous plutôt à la lumière de la tolérance et de l'amour – sous sa forme la plus pure – sans chercher à vous embarrasser de questions sans importance.

Lorsque nous nous employons à développer notre moi spirituel, nous devrions nous efforcer d'étendre nos connaissances par des lectures sur la vie spirituelle, par la méditation, etc. Je trouve également que l'on reçoit de grandes leçons de vie, et aussi d'humilité, en marchant dans la rue, en faisant l'expérience des diverses conditions de vie sur notre planète et en répandant en esprit la lumière et l'amour sur ceux qui se sont égarés et qui ont besoin d'être éclairés.

La sensibilité et la conscience

Lorsque nous sommes en rapport avec les dimensions spirituelles, nous nous trouvons en relation avec un monde très différent de tout ce que nous révèlent nos yeux physiques. Pour accomplir correctement ce travail, nous devons commencer par décrocher complètement du monde extérieur et nous préparer à entrer dans le monde de la vision et de la connaissance intérieures. Chaque fois que je donne une conférence, je préviens d'abord l'auditoire que nous partons explorer un monde nouveau, un univers en soi, l'univers de notre être profond. Cet univers est à la portée de quiconque est disposé à se donner le temps d'en prendre conscience. Par cette prise de conscience et par l'ouverture à notre moi profond, nous apportons à tous les aspects de notre vie une conscience nouvelle. Nous commençons véritablement à *vivre* une vie plus accomplie que nous ne saurions l'imaginer et plus heureuse – la vie dont nous rêvons tous. Au centre de cet univers, nous saluons notre moi divin et nous contemplons les possibilités infinies inhérentes à notre nature. Comme nous réussissons plus facilement à recourir à cette *sagesse intérieure,* nous apprenons à remplacer la peur par la confiance dans chaque situation de notre vie. Une fois que nous sommes entrés dans cette phase du voyage, notre vision du monde est à jamais transformée. Il est très difficile de revenir en arrière, de voir à nouveau la vie avec les yeux du passé.

Si vous voulez prendre conscience de votre monde intérieur, il est préférable de commencer par pratiquer la méditation. Pour commencer, vous fermerez les yeux en accordant toute votre attention à votre respiration. Ce faisant, vous comprendrez que chaque inspiration est un cadeau divin qui mérite d'être considéré comme il convient, avec un respect sacré. Qui sait à quel moment nous prendrons notre dernière inspiration ? Lorsque vous expirez, représentez-vous toutes vos pensées négatives et superflues, vos frustrations et les doutes que vous nourrissez, puis laissez-les aller. Prenez conscience de votre corps ! Soyez conscient de chaque muscle, de chaque organe et de chaque tissu. Voyez votre sang circuler librement à travers votre corps. Ressentez-le ! Dieu vous a donné un corps, non seulement pour vous maintenir en vie sur cette planète, mais pour grandir de l'intérieur, afin que vous puissiez atteindre le sommet de l'évolution en tant qu'être spirituel. Par conséquent, ayez conscience de tout ! Lorsque vous ouvrez les yeux, ne voyez pas seulement le fauteuil qui se trouve devant vous, ou la porte ou les fleurs. Regardez-les avec des yeux nouveaux – les yeux de l'âme, le regard intérieur. Servez-vous de vos yeux comme vous le faites pour vos mains. Sentez la force vitale des fleurs et des arbres. Mettez-vous à l'écoute de l'énergie qui vibre en chaque créature vivante. Il s'agit d'énergies bien réelles, mais presque imperceptibles. Ces énergies subtiles ne peuvent être décelées que grâce à votre sensibilité.

L'énergie

Tout est constitué d'*énergie* ! Il est essentiel de nous familiariser avec cette idée. Les molécules de la force vitale entourent et traversent continuellement notre corps. En conséquence, chacun de nous est un centre d'énergie, un microcosme, avec ses anneaux et ses liaisons énergétiques qui se déplacent rapidement autour et au travers de notre corps. Nous avons la possibilité de changer ces modèles, ces couleurs et ces fréquences énergétiques fondés sur nos pensées et nos désirs.

Nous pouvons transmettre et recevoir de l'énergie dans la mesure où nous demeurons ouverts et suffisamment sensibles.

Comment parvenir à sentir cette énergie ?

Si vous le voulez, commençons par un exercice facile, qui vous apprendra à reconnaître cette énergie. Fermez les yeux et placez les paumes de vos mains l'une en face de l'autre, à une soixantaine de centimètres de distance. Gardez-les dans cette position trois ou quatre secondes. Concentrez votre attention sur l'espace entre vos paumes, puis rapprochez-les très lentement l'une de l'autre, comme pour replier un accordéon. Prenez conscience de la sensation entre vos paumes alors qu'elles se rapprochent l'une de l'autre. Décrivez de légers cercles avec vos mains et sentez les mouvements infimes de l'énergie. Il sera peut-être nécessaire de faire quelques essais, mais ne vous inquiétez pas, vous réussirez tôt ou tard. Vous pouvez placer votre main au-dessus de n'importe quelle région de votre corps, à une distance d'environ sept centimètres. Rapprochez ensuite lentement votre paume de cette région. Plus vous répéterez l'exercice, plus vous serez attentif aux variations subtiles de l'énergie qui entoure le corps. Vous pourriez observer que certaines parties du corps paraissent plus denses que d'autres. Dans quelques régions du corps, l'énergie pourra sembler plus abondante pour un bon nombre de raisons, l'une d'elles pouvant être une ancienne blessure. Dans chaque cas de blessure, c'est non seulement le corps physique qui est blessé, mais aussi le corps éthérique. Par conséquent, certains signes révèlent la présence d'une lésion, le plus courant étant une concentration de l'énergie. Celle-ci peut également se concentrer en un certain endroit du corps en raison d'un problème de santé. Comme il a été mentionné précédemment, le corps physique porte l'empreinte des problèmes de santé du moment, et l'énergie autour de la région atteinte paraîtra souvent plus dense et sa couleur semblera différente de celle du reste de l'aura.

Les centres d'énergie

Lorsque vous vous employez à développer vos facultés médiumniques, il est important de vous familiariser avec les sept principaux centres d'énergie. On leur donne le nom de chakras, un terme sanskrit qui signifie « roues d'énergie ». Situés en bordure du corps éthérique, ces sept principaux chakras s'avèrent être la porte ou l'entrée qu'empruntent les énergies éthériques. Le corps éthérique, ou le double éthérique, comme on l'appelle parfois, est constitué de l'énergie corporelle qui entoure le corps physique. Il est la réplique exacte de celui-ci. Le corps éthérique est celui qui est le plus près de la matérialité. Chacun des chakras du corps éthérique se distingue des autres par sa couleur et par son aspect. Il vibre à sa propre vitesse et répand l'énergie – spirituelle, mentale, émotionnelle et physique – au niveau qui lui correspond.

Le chakra racine

Situé à la base de la colonne vertébrale, il est reconnu comme le siège de la force vitale. Sur le plan physique, il est associé à la colonne vertébrale, aux surrénales, aux reins et au côlon. Cette énergie de couleur rouge représente l'instinct de survie – caractérisé par la force physique et la vitalité. On fait appel à ce centre pour recentrer nos énergies à l'intérieur de notre corps et également pour favoriser l'ascension d'énergies cosmiques terrestres qui viendront revitaliser les autres chakras.

Le chakra du plexus sacré

Également connu sous le nom de chakra sacré, ce centre se trouve à un peu plus de cinq centimètres sous le nombril. C'est le siège de toute intuition et de toute perception extrasensible. Il est considéré comme un *centre de l'émotion* – un lieu où sont stockées toutes les émotions à l'état brut. Comme ce centre se situe avant tout sur un plan émotionnel, il est à l'origine de la psychométrie et de la perception suprasensible. Du point de vue physique, il est associé aux organes sexuels, à la rate et à la vessie. Il correspond à la couleur orange.

Le chakra du plexus solaire

Ce troisième centre est placé au-dessus du nombril, dans la région de la rate. À ce niveau, les émotions sont portées à un niveau vibratoire plus subtil. C'est le centre des sentiments, de la volonté et de l'autonomie. Cette région exerce une influence sur la digestion et sur les organes tels que l'estomac, le pancréas, les surrénales, le foie et la vésicule biliaire. Du point de vue physique, il constitue le point d'attache de la *corde d'argent* et nous donne accès au voyage astral. La corde d'argent est constituée d'énergie concentrée sous la forme d'un cordon reliant le corps éthérique au corps physique, qui apparaît aux voyants sous une couleur blanc argenté. La nuit, pendant notre sommeil, nous quittons notre corps physique et parcourons des kilomètres dans le monde astral. Nous avons cette possibilité parce que notre corps éthérique, celui qui peut voyager, est rattaché à notre corps physique par ce lien ou cette corde de communication. Lorsque nous mourons, la corde d'argent se rompt, libérant le corps éthérique. Le chakra du plexus solaire est habituellement représenté par la couleur jaune.

Le chakra du cœur

Placé au centre de la poitrine, entre les deux omoplates, le chakra du cœur est le siège de l'amour inconditionnel. C'est à ce niveau que peuvent être ressentis des éléments spirituels supérieurs tels que la compassion, la confiance, la capacité de donner, de recevoir et d'aider à grandir, ainsi que le désir d'être au service des gens. Ce centre est associé à l'activité médiumnique et à la perception des entités spirituelles. Dans le domaine physique, il est rattaché au cœur, au thymus et à l'appareil circulatoire. Ce centre a le vert pour couleur.

Le chakra de la gorge

Lorsqu'il est ouvert, ce centre sert à la clairaudience – à entendre l'entité spirituelle. Il est possible d'entendre réellement l'esprit s'exprimer d'une voix qui semble appartenir au monde physique, ou d'entendre des pensées, comme si on était sur la même fréquence. Le centre de la gorge travaille aussi en accord avec le chakra du cœur dans l'activité médiumnique. Assisté des chakras du plexus solaire et du plexus sacré, le chakra de la gorge intervient dans la médiumnité directe ou *channeling*. Ce centre est la source de toutes les formes d'expression créatrice. Dans l'organisme, il agit directement sur la thyroïde, l'hypothalamus, la gorge et la bouche. Il est recommandé de méditer sur la couleur bleue pour développer ce centre.

Le chakra du troisième œil

Situé au milieu du front, cet important centre spirituel est sans doute le plus connu. Lorsqu'il est développé sur le plan psychique, ce centre sert à l'exercice du don de voyance. L'ouverture de ce centre nous permet de voir l'aura, les entités spirituelles, ainsi que des images de toutes formes et de toutes couleurs. Sur le plan physique, ce chakra est associé aux oreilles, au nez, de même qu'aux glandes pituitaire et pinéale. Principal siège de la seconde vue, ce centre correspond à la couleur indigo.

Le chakra coronal

Placé au sommet de la tête, le septième centre permet le passage des forces supérieures ou cosmiques. Lorsque ce centre est développé, il peut servir à influencer tous les autres centres et imprégner toute forme d'*activité suprasensible* des vérités spirituelles transcendantes. Il est le siège de la prière et de la protection, du mysticisme et de l'éveil spirituel. Méditez sur une belle teinte de violet, qui est la couleur représentant ce chakra. Dans l'organisme, ce centre agit sur le cortex cérébral et le système nerveux central.

La patience

Si nous voulons que nos expériences nous aident à grandir, nous devons nous donner tout le temps nécessaire, car toute chose possède une énergie créatrice et un rythme propres. Dans bien des cas, en particulier dans le domaine paranormal, il n'y a aucun moyen d'évaluer notre progression. La patience demeure l'un des outils les plus précieux. Nous sommes en train de donner naissance à un nouvel aspect de notre être – un aspect qui est en veilleuse depuis un très grand nombre d'années. Notre passé est chargé de systèmes de croyances, de comportements divers, ainsi que d'expériences d'une grande intensité émotionnelle, à travers lesquels nous devons creuser pour retrouver la vérité ainsi que la source infinie de notre être. Je parle ici de l'enfant en nous, celui que nous avons emmuré à l'âge de six ou sept ans, lorsque l'innocence a fait place à la pensée rationnelle. Plus nous aurons recours à la raison pour accomplir ce travail, plus nous piétinerons. Lorsque nous déployons trop d'énergie à analyser une pensée ou un message, il reste peu de cette précieuse énergie à consacrer à l'activité médiumnique et au travail spirituel. La croissance exige du temps.

Avec de la patience et de la discipline, vous observerez des changements. Ne soyez pas trop dur avec vous-même et réjouissez-vous de chaque étincelle de sensibilité psychique qui affleure à votre conscience. Savourez cette émotion. Ne vous découragez pas si les résultats se font attendre. Vos guides et vos amis du monde spirituel sont conscients de vos efforts, et ils feront eux aussi de leur mieux pour travailler avec ce qui est mis à leur disposition. N'oubliez pas que vous avez abordé l'activité médiumnique avec des croyances et des habitudes mentales anciennes et qu'il faut du temps à l'esprit pour remodeler votre mental et éveiller votre sensibilité psychique. Soyez patient !

L'ouverture d'esprit

En pénétrant dans le monde de l'esprit, vous entrez dans un monde dont la plupart des gens nient l'existence. La majorité des gens, en muselant leurs sentiments, espèrent que cet engourdissement leur permettra de survivre aux tempêtes émotionnelles du monde physique.

Tous les jours, nous vivons des expériences inexplicables. Certains y voient des coïncidences, des accidents ou encore un pur effet du hasard. *Ça n'existe pas !* Lorsque nous sommes honnêtes avec nous-mêmes et que nous émettons des pensées énonçant nos désirs et nos besoins, souvent, ce que nous persistons à penser se matérialise dans notre vie. Nous attirons ces expériences qui contribuent à notre apprentissage et à notre croissance. Lors de mes consultations, je demande aux clients de se libérer de toute attente ou opinion préconçue quant aux événements qui vont suivre. Ils peuvent ainsi être prêts à toute éventualité. Avec un esprit ouvert, nous sommes en mesure de nous laisser pénétrer par des idées et des notions qui nous avaient peut-être complètement échappé jusqu'ici.

La coopération

Vous n'êtes pas seul pour accomplir ce travail. Vous avez des partenaires dans le monde des esprits. Ainsi que je l'ai mentionné, vous faites votre partie du travail et l'esprit fait la sienne. Lorsque vous voulez prendre contact avec le monde des esprits, vous devez comprendre que les esprits possèdent le libre arbitre. S'ils choisissent de se présenter, ils travailleront avec l'énergie vibratoire en s'appliquant à vous délivrer un message. Mais il se peut aussi qu'ils ne le désirent pas. S'ils choisissent de travailler avec vous, ils doivent comprendre ce que vous tentez de communiquer. Bien qu'ils soient passés dans l'autre monde, cela ne signifie pas pour autant qu'ils apprennent immédiatement les mécanismes de la communication spirite. Vous devez leur faire savoir *de quelle façon* vous souhaitez les voir communiquer. Dites-leur comment imprimer en vous une pensée. Par exemple, lorsque vous voulez savoir si vous recevez la communication d'une énergie féminine ou masculine, demandez-lui d'imprégner votre pensée de cette information. Deuxièmement, si vous voulez savoir si vous vous adressez à une mère ou à un père, vous devez établir un système de communication et expliquer son fonctionnement, de sorte que les esprits puissent vous fournir l'information.

Voici un aperçu de la façon dont je travaille. Si je suis en communication avec le père ou avec un membre de la famille du côté paternel, j'invite l'esprit à se tenir à gauche de l'individu. Si l'esprit appartient au côté maternel, je lui dis de se placer à droite de la personne à qui j'accorde une consultation. Si l'esprit est un enfant, je lui demande de rester devant la personne et s'il s'agit d'un des grands-parents, de se tenir debout derrière le consultant. De cette manière, les esprits peuvent recourir à un système bien défini.

De plus, si vous ne les entendez pas, vous devez leur demander par transmission de pensée de *hausser la voix*. Les esprits n'ont pas toujours conscience des différentes fréquences auxquelles ils doivent s'ajuster afin de se faire entendre. Il faut que *vous* leur disiez.

Souvent, les gens me voient tourner la tête et parler dans le vide : *Oui, j'entends cela ; non, parlez plus fort*. C'est ma façon de renseigner l'esprit sur notre communication. Ainsi que vous le voyez, vous devez établir vos propres règles et les fonder sur la coopération et la confiance.

À quel rythme devrais-je consulter les esprits ? Est-ce que je vais les déranger ? Ces questions m'ont été posées par plusieurs personnes et je ne peux que répéter ce que j'ai mentionné précédemment. Vos amis et les membres de votre famille qui sont entrés dans une autre dimension de la conscience ne vous oublient pas. Ils sont plus accessibles dans cet état que lorsqu'ils vivaient sur la terre. Ils en savent davantage sur le chemin de vie de votre âme et sa motivation que lorsqu'ils vivaient. Ils entrent dans votre vibration et viennent jeter un coup d'œil sur vous très souvent. Cependant, même si on fait signe à un esprit, cela ne veut pas dire qu'il va tout laisser tomber pour prendre contact avec nous. Les esprits ont le libre arbitre et en useront en conséquence, tout comme ils le faisaient sur terre.

Lorsque les membres de votre famille ou vos amis entrent dans le monde de l'esprit, ils consacrent leur existence à ce que l'on pourrait appeler une fonction ou un travail afin de progresser sur le plan spirituel, exactement comme vous vous rendez chaque matin accomplir un travail afin d'assurer votre subsistance sur cette planète. Lorsque vous les appelez mentalement, ils vous *reçoivent cinq sur cinq*. Aussi, si vous les appelez constamment, c'est comme si vous étiez assis à votre bureau de travail et que le téléphone n'arrêtait pas de sonner. Il serait difficile d'avancer dans votre travail. Bien entendu, vous pouvez les appeler de temps à autre, mais n'en faites pas une obsession, car non seulement vous ralentissez leur progression, mais vous négligez également le travail que vous devez accomplir ici.

L'amour

Nous sommes venus sur cette terre pour apprendre certaines leçons fondamentales sur l'amour et sur la responsabilité envers soi et envers les autres. Ces leçons nous sont offertes dans le cadre de nos expériences quotidiennes. Dès que vous commencez à travailler avec les esprits, vous devez être centré sur l'amour. La cupidité ou le désir de paraître doivent être exclus. Le travail spirituel ne fait pas de place à l'ego. Je ne dis pas qu'il faille être dépourvu d'ego pour avoir une vie spirituelle. Si l'ego est indispensable pour exécuter un travail, il ne doit jamais passer avant l'amour. À mesure que vous progressez, vous commencerez à découvrir les multiples visages de l'amour, car celui-ci revêt plusieurs formes. Plus vous vous donnerez à ce travail, plus vous reconnaîtrez la valeur d'un acte d'amour, si petit soit-il.

Exercices de formation

La méditation

Pour augmenter votre sensibilité et votre conscience des dimensions spirituelles, il serait recommandé de commencer à pratiquer régulièrement la méditation. C'est votre désir de progresser qui déterminera le temps que vous consacrerez à la méditation. Si vous débutez dans cette pratique, je vous recommande de méditer au moins deux fois par semaine. Prenez l'habitude de méditer à la même heure au jour convenu. En agissant ainsi, non seulement vous apprenez à vous discipliner, mais vous signifiez aussi au monde des esprits que vous réservez ce moment particulier à la pratique et à la croissance spirituelles. La durée de la méditation peut varier. Si vous le pouvez, lors de votre première séance, essayez de méditer pendant une quinzaine de minutes au moins, puis essayez lentement de monter à trente minutes et graduellement jusqu'à quarante-cinq. Néanmoins, ne vous sentez soumis à aucune contrainte quant au temps consacré. Ce n'est pas vous, mais bien l'esprit qui finira par déterminer la durée.

Dans le prochain chapitre, vous trouverez une description détaillée de différentes méditations que je vous propose d'utiliser. Il n'y a pas de bonne et de mauvaise façon de méditer. Dans cet exercice, il s'agit de s'assurer que vous êtes dans un état de détente. Vous cherchez à prendre contact avec les mondes intérieurs et à vous « sensibiliser » à ces dimensions.

Le cercle

En plus de pratiquer la méditation de façon individuelle, la majorité des gens qui souhaitent cultiver leurs dons médiumniques trouvent généralement plus rapide et plus avantageux de fréquenter ce qu'on appelle un cercle de développement. Celui-ci est formé de deux personnes ou plus, qui se réunissent chaque semaine, le même jour et à la même heure, pour tenir une séance et développer les énergies médiumniques des membres du cercle.

D'habitude, le cercle est constitué des mêmes participants qui tiennent une séance chaque semaine à jour et à heure fixes. Il est important que les membres du groupe soient en harmonie les uns avec les autres sur le plan énergétique. Il ne doit y avoir aucun conflit, aucun problème de personnalité. Sinon, ce genre de mésentente aura un effet négatif sur le développement du groupe et l'empêchera d'acquérir les connaissances spirituelles supérieures mises à sa disposition. Votre groupe attirera toujours les esprits qui auront de la facilité à travailler avec la vibration que vous avez créée. Être membre d'un groupe représente un engagement et pour en faire partie, tous devraient être disposés à sacrifier au moins une ou deux heures afin de se réunir au même moment chaque semaine. La raison en est fort simple : la communauté des esprits réserve une période pour s'harmoniser aux énergies du groupe et l'aider à accroître ces énergies, afin de perfectionner et de « sensibiliser » l'un ou plusieurs des membres du groupe. Il s'agit de poser les fondements et de construire chaque semaine, non de refaire constamment ce qui a été fait.

Lors de la création du cercle, il convient de choisir une personne qui prendra la tête du groupe. Le plus souvent, il s'agira d'une personne qui a acquis une certaine expérience dans le développement des facultés médiumniques. À l'ouverture du cercle, on récitera une prière pour accueillir les guides spirituels et les amis qui sont présents afin de travailler avec vous et leur demander de protéger le groupe. À la fin de l'invocation, je demande à tous les participants d'imaginer qu'une blanche lumière d'amour entoure le cercle et remplit toute la pièce en guise de protection supplémentaire.

Après la prière, il est possible que les membres du groupe souhaitent trouver un surcroît d'énergie en écoutant des morceaux de musique spirituelle ou inspirée. Les esprits recourent eux aussi à ce genre de musique. À ce stade de la rencontre, certains groupes prévoient une période de discussion. Je suggère que vous limitiez la discussion au minimum, puisque cela empiète sur le temps que les esprits peuvent consacrer au travail de développement.

Avant de former le cercle de développement, tous les participants devraient décider vers quelle personne du groupe l'énergie devra être dirigée. Il se peut qu'une seule personne au sein du groupe ait des talents de médium, et le groupe souhaitera peut-être travailler de concert pour développer davantage la sensibilité médiumnique de cette personne. Lorsque plusieurs personnes sont médiums, il importe de diriger l'énergie également dans le groupe. C'est ici que l'animateur intervient. Il ou elle doit tenir compte de l'heure et avertir le groupe lorsqu'il est temps de passer à la personne suivante. Il s'agit de concentrer toute l'énergie mentale sur cette personne sous l'aspect de la couleur blanche, celle qui représente la lumière de l'amour christique.

Pendant que vous êtes en séance avec le groupe, il est possible que vous éprouviez une sensation de fraîcheur autour des membres inférieurs de votre corps. C'est généralement le signe que les esprits sont en train de s'harmoniser aux énergies présentes dans la pièce. Il se peut également que votre troisième œil perçoive des signes et des symboles peu complexes. Ces images peuvent faire irruption dans votre conscience sous des formes diverses : carrés ou cercles, lumières colorées, paysages, objets, visages et formes irrégulières flottant dans l'espace. Bien souvent, ces images se comparent aux endroits et aux objets aperçus en rêve. Il ne faut pas les considérer comme de simples chimères, car elles peuvent avoir une signification pour une autre personne du groupe. Faites de votre mieux pour vous rappeler tout ce que vous voyez, éprouvez et entendez. Même si vous ne parvenez pas à comprendre ces informations, vous pourriez être surpris de constater comme elles peuvent revêtir une importance particulière pour un autre membre. Enfin, il est possible qu'un membre du groupe commence à éprouver une sensation bizarre autour de la tête ou de la région du cœur. Pour ma part, elle me fait l'impression d'une toile d'araignée. Cette sensation signifie en outre que des initiateurs spirituels travaillent avec vos énergies. La plupart du temps, c'est que vous êtes entouré d'une aura ectoplasmique. Cet ectoplasme prend de l'ampleur avec chaque rencontre du groupe. Ce genre de phénomène est très courant lorsqu'une personne du groupe possède des talents médiumniques de nature physique. Les esprits accumulent cette énergie autour de cet individu, et il arrive souvent que les autres se mettent à entendre des *petits coups secs* ou des *battements* alors que les esprits soumettent l'énergie de l'individu à des essais.

Une fois qu'il est temps pour le cercle de clore la séance, l'animateur avise chacun de reprendre conscience de son corps physique. Lorsque chacun est « rentré à bon port » – et il est important d'attendre que tous soient de retour – l'animateur récite alors une prière de clôture, en remerciant tous les partenaires spirituels. D'habitude, j'aime transmettre de l'amour et de la lumière à tous les déshérités de notre monde. Une fois la prière terminée, chaque personne du groupe peut alors échanger avec les autres membres. Il est bon de passer en revue tous les messages, sensations ou signes recueillis durant la tenue du cercle.

Exercices de développement psychique

Dans le domaine de la médiumnité, les résultats sont à la mesure de la sensibilité de l'individu. La méditation ou l'appartenance à un cercle sont tous deux des outils efficaces pour vous préparer à sentir la présence des esprits et peut-être même à les voir et à les entendre.

Le moment n'est pas loin où vous serez prêt à mettre en pratique vos dons spirituels et médiumniques. Ainsi que je l'ai dit tout au long de ce livre, tout est énergie. Après la période de préparation, vous pouvez commencer à employer cette énergie et découvrir ce qu'elle peut vous faire sentir. Voici diverses méthodes pour mesurer vos capacités.

La psychométrie

La psychométrie est la capacité de percevoir ou de sentir l'histoire particulière d'un objet ou de son propriétaire par le truchement de l'énergie émanant de l'objet. On peut recourir à la psychométrie pour une personne qui est passée dans l'autre monde ou pour tout individu vivant dans la dimension physique. En premier lieu, bien sûr, vous devez entrer en méditation ou en transe peu profonde et vous sentir complètement détendu dans cet état. Ensuite, prenez un objet dans votre main gauche et sentez son énergie propre. Vous recevrez peut-être certaines impressions, par exemple des particularités physiques ou l'apparence générale de la personne qui possédait cet objet. Vous pouvez avoir des perceptions d'origine émotionnelle. N'oubliez pas que n'importe quel objet, y compris des photographies, peut être employé pour la psychométrie. Celle-ci vous permet non seulement de recueillir des impressions sur les vivants, mais aussi des messages en provenance du monde des esprits. D'ailleurs, ne réfléchissez pas à ce que vous recevez et *n'*essayez *pas* de retenir cette pensée. Il suffit d'exprimer exactement ce qui vous est communiqué.

L'écriture automatique

L'écriture automatique est un exercice employé spécifiquement par ceux qui souhaitent entrer en contact avec des guides spirituels et des êtres chers. Pour commencer, cet exercice exige un état de méditation profonde. Il est également nécessaire de transmettre à l'esprit qui doit être contacté le moment et l'endroit exacts qui seront réservés à cette activité. Au fond, vous prenez rendez-vous afin de converser avec le monde des esprits. Le moment venu, vous entrerez en méditation. N'oubliez pas, il vous faut une pièce où les occasions d'être distrait sont rares ou inexistantes. Ensuite, asseyez-vous à une table en gardant le dos droit, un stylo et un bloc de papier placés devant vous. Maintenez délicatement la pointe du stylo sur le bloc. *Ne pensez pas* au texte à écrire. Lorsque vous sentez que l'énergie s'est modifiée au niveau de votre main ou autour de votre corps, vous pouvez commencer à interroger l'esprit. Vous vous sentirez sans doute poussé à écrire, aussi obéissez à l'impulsion. Encore une fois, *ne pensez pas* à ce que vous êtes en train d'écrire. C'est une bonne idée de ne pas regarder avant d'avoir terminé. Quand vous sentez que l'énergie n'est plus là, déposez le stylo et lisez les propos de votre ami du monde spirituel. Vous serez peut-être surpris de ce que vous avez recueilli.

Les rêves

Plusieurs m'ont demandé s'il était possible de communiquer avec des personnes décédées par l'intermédiaire du rêve. La réponse est OUI, sans l'ombre d'un doute ! Le corps spirituel se sépare du corps physique chaque nuit lorsque nous nous endormons. Le corps physique fait le plein d'énergies cosmiques et le corps spirituel fait de même sur un plan d'existence supérieur. Dans l'état onirique, nous sommes très sensibles aux impressions en provenance du monde des esprits, car notre mental ou notre conscience ne sont pas engagés dans une autre activité. En d'autres termes, notre vigilance comme notre pensée rationnelle sont mises en veilleuse. Il nous est donc beaucoup plus facile de recevoir des impressions. Lorsque nous sommes dans notre corps spirituel, nous sommes en mesure de voir ceux qui nous sont chers ainsi que nos guides et peut-être même nos vies antérieures ou certains événements futurs. C'est aussi le moment où notre famille dans le monde des esprits choisit de communiquer avec nous. Comme l'état onirique nous rapproche des plans spirituels, la communication avec les défunts est grandement facilitée. La méthode la plus simple pour contacter les esprits pendant le sommeil consiste à penser à eux avant de s'endormir. Plusieurs de mes clients ont employé cette méthode avec succès. Cependant, plusieurs d'entre nous ne se rappellent pas leurs visites, ou ils n'ont que des souvenirs fugitifs ou fragmentaires. Le plus souvent, nos rêves se révèlent parfaitement incohérents. Il faut de la discipline et de la pratique pour garder les rêves en mémoire.

Il existe plusieurs méthodes pour conserver le souvenir de vos rêves. L'une d'elles consiste à garder un magnétophone près de votre lit et à enregistrer toutes les impressions, les endroits et les émotions particulières de vos rêves dès que vous vous éveillez. Vous pouvez aussi les noter par écrit, mais la plupart des gens trouvent plus difficile, à la longue, d'appliquer cette méthode. Si vous prenez l'habitude d'enregistrer vos rêves, vous serez étonné de voir comme vous arrivez beaucoup plus facilement à vous les remémorer.

Les visions

Bien des gens affirment avoir vu la personne chère décédée, dans leur chambre, debout près du lit, ou assise dans un fauteuil du salon. Si vous n'avez aucun blocage mental et êtes particulièrement réceptif, il y a des chances que vous puissiez obtenir de telles visions.

Le pacte

Pour prendre contact avec le monde des esprits, vous pouvez accomplir un autre exercice qui consiste simplement à demander à votre ami du monde spirituel d'être présent à un certain moment de la journée. Expliquez-lui que vous souhaitez avoir une preuve de son existence et demandez-lui d'accomplir une certaine tâche. Par exemple, l'une de mes clientes qui avait perdu son fils lui demandait chaque soir : *Je veux que tu me donnes un signe, pour me montrer que tu es ici. Fais clignoter le réverbère de la rue une fois si ta réponse est oui et deux fois si c'est non.* Après avoir adressé cette requête chaque jour pendant deux mois, elle constata qu'il répondait exactement comme elle l'avait demandé. Tous les gens qui essaient de faire de même n'auront peut-être pas autant de succès. De toute évidence, cette mère et l'esprit de son fils étaient très résolus et ils ont obtenu d'heureux résultats. Lorsque vous demandez aux esprits de vous révéler leur présence en posant un geste simple, c'est plus facile pour eux. Ne leur demandez pas de déplacer des objets, d'ouvrir des portes ou de chanter. SIMPLIFIEZ-LEUR LA TÂCHE ! Compte tenu de la conformation énergétique des esprits, nous avons découvert qu'il était plus facile pour eux de révéler leur présence en utilisant des dispositifs électriques. Les esprits peuvent agir sur l'électricité de diverses manières. Plusieurs d'entre eux réussissent à agir sur le champ électrique des protons et des électrons et à influer sur le fonctionnement de différents appareils électriques partout dans la maison. C'est encore plus vrai si le défunt était une personne d'une très grande émotivité. L'énergie émotionnelle peut jouer le rôle de conducteur.

Les effets

Voici différentes méthodes utilisées par les esprits pour révéler leur présence à ceux qui leur sont chers sans faire appel à un médium :

L'ÉCLAIRAGE. Souvent, vous verrez les lumières baisser dans la pièce ou les ampoules neuves griller instantanément. Lorsque les esprits passent beaucoup de temps près de vous ou lorsqu'ils savent que c'est un moyen efficace d'attirer votre attention, l'éclairage subit leur influence.

Le téléviseur. Il est connu que les esprits réussissent à brouiller les images d'un téléviseur. Dans certains cas, le visage de l'esprit est apparu à l'écran, ou le poste de télé s'est allumé ou fermé de lui-même inopinément ou à toute heure du jour.

La radio. Les appareils radio placés non loin du lit des êtres chers s'allumeront aux heures les plus diverses. Parfois, il s'agira d'une heure revêtant une signification spéciale pour la personne qui est décédée. Souvent, le poste de radio s'allumera lorsqu'on diffuse une chanson particulièrement significative.

La musique. Bien souvent, à leur manière, les esprits réussissent à vous mettre une chanson en tête, ou encore vous pensez à eux en entendant une chanson qui passe à la radio.

Les horloges. On a déjà vu des horloges s'arrêter au moment précis de la mort d'un être cher. Ou encore, une montre ou une horloge cesseront de fonctionner sans aucune raison apparente.

Les téléphones et répondeurs. Après la mort d'une personne, il est possible de recevoir un appel et qu'il n'y ait personne à l'autre bout du fil. Ou il se peut que vous entendiez la voix de l'esprit. Dans certains cas, un message de l'esprit avait été enregistré sur le répondeur.

Les appareils électriques. On a rapporté que des appareils électriques s'étaient mis en marche ou avaient cessé de fonctionner à différentes occasions alors qu'il n'y avait personne aux alentours. Il s'agit là d'une autre méthode utilisée par les esprits pour attirer notre attention. J'ai constaté que c'était un phénomène assez commun, surtout si l'esprit avait passé une grande partie de son temps dans la cuisine ou avait beaucoup cuisiné au cours de sa vie.

LES ORDINATEURS. Au cours des derniers mois, le phénomène de la voix numérisée est devenu un « effet » particulièrement en vogue. Non seulement les esprits parviennent à se servir du téléphone et des répondeurs, mais ils apparaissent également sur les écrans des ordinateurs. Pour l'esprit, cette activité n'a d'autre utilité que de confirmer à l'être cher qu'il vit toujours. Il se peut également que cet esprit ait eu un intérêt particulier pour le domaine de l'informatique.

Autres signes

LES ODEURS. La perception d'une odeur, immédiatement après le décès ou dans les mois qui suivent, constitue un signe particulièrement répandu. L'individu prend soudainement conscience d'une faible odeur de cigare, de roses ou d'un parfum familier, qu'il peut associer, de façon très nette, à la personne disparue. Par exemple, la mère d'une personne utilisait un parfum particulier et, alors qu'elle ne s'y attendait pas, cette senteur se répand dans la pièce. Il en va de même pour l'odeur de la cigarette si l'être cher était un fumeur. Par ces parfums et ces odeurs, ceux que nous avons aimés nous font savoir qu'ils sont tout près.

LES PRÉSENTS. Les esprits nous font parvenir bien des présents et des articles matériels, mais nous ne nous rendons pas compte qu'ils nous sont offerts par ceux que nous avons aimés. Il est arrivé à plusieurs reprises au cours des consultations qu'un être cher prenne contact avec nous et dise : « J'espère que tu aimes le collier en or que je t'ai acheté la semaine dernière ? » Confondu, le client me regarde et demande : « De quoi parlez-vous ? » J'explique que l'esprit peut imprimer dans la pensée de chacun l'idée d'acheter certaines choses. Les esprits agissent en notre faveur de différentes manières, par exemple, lorsque nous recevons une douzaine de roses à l'improviste, ou que nous achetons une maison et concluons la vente avec très peu de problèmes. Ce sont des signes que les êtres que nous avons aimés sont avec nous et souhaitent nous venir en aide.

LES ANIMAUX. Les esprits font souvent appel aux animaux. Très souvent, sous l'influence des entités spirituelles, un oiseau ou un petit animal viendra vers nous et attirera notre attention de quelque manière. C'est un autre signe qu'ils sont près de nous. Une amie très chère est morte en février. Je me suis rendu à New York, alors enseveli sous soixante centimètres de neige, pour me recueillir devant son caveau qui était érigé à l'extérieur. Je n'arrivais pas à le trouver, quand soudain, un camion s'est arrêté près de moi et le gardien du cimetière en est descendu. « Vous l'avez juste sous les yeux », dit-il. Je le remerciai, puis il retourna vers son camion et s'éloigna. Je trouvais étrange qu'il soit justement passé par là à ce moment précis. Après son départ, en levant les yeux vers la niche funéraire de mon amie, j'ai aperçu juste à côté un geai bleu perché sur la branche d'un arbre. N'oubliez pas qu'il faisait très froid et que la neige avait tout recouvert. Cela ne m'a pas semblé trop inhabituel jusqu'à ce que j'aille voir Jack, son mari, à leur demeure, plus tard ce même après-midi. Quand je franchis la porte, Jack m'accueillit avec ces mots : « Si tu veux un souvenir de Connie, sers-toi, je t'en prie. » Je tournai mon regard à droite et aperçus là, sur une étagère, un oiseau bleu en verre qui me regardait fixement.

11

MÉDITATIONS

Il est réconfortant de savoir que dans un monde où il est facile de perdre courage, un monde froid qui semble dominé par la tragédie et l'intolérance, où le moi rationnel et raisonnable n'est rien d'autre qu'un rêve, il existe un refuge où l'amour règne en maître. C'est un monde de félicité divine entremêlé d'infinies possibilités. Ce monde de délices est accessible à quiconque choisit d'ouvrir cette porte. Où est donc ce havre de bonheur et d'amour ? C'est dans le silence que se trouve ce domaine de paix. C'est le silence de l'*être*... simplement de l'être. Car dans le silence d'or de notre être nous découvrirons le divin.

Quand nous rentrons en nous-mêmes et que nous écoutons cette voix intérieure, nous allons puiser au silence de l'être. Cette *conscience de soi* peut être mise à profit dans tous les aspects de l'existence pour enrichir et faire venir à maturité chacune de nos expériences. Tant de gens vivent leur quotidien sans avoir pu trouver le sens de leur existence. Ils pleurent sur leur sort et le subissent. Il leur suffirait de s'arrêter un moment et d'écouter leur voix intérieure pour commencer à s'ouvrir à une source de sagesse inépuisable. Mais comment pouvons-nous atteindre ce SILENCE ? Comment puiser à notre source de sagesse intérieure ? Comment reconnaître notre voix intérieure ? Par la méditation. C'est la meilleure réponse à ces questions et aussi le meilleur moyen que je connaisse.

Qu'est-ce que la méditation ? Simplement le passage d'un état de conscience à un autre. Elle consiste par définition à nous fermer au monde extérieur, à la réalité quotidienne et à nous mettre à l'écoute de notre univers intérieur. Quand nous nous assoyons en silence et commençons à diriger notre attention vers l'intérieur, la conscience de soi se fortifie et les dimensions spirituelles de l'âme se révèlent. Lorsque nous méditons ou concentrons nos énergies sur notre *être en soi*, nous faisons un retour à l'intégralité, l'unité de ce que nous sommes – notre moi infini. Dans cette unité, nous commençons à nous libérer du concept de la dualité qui nous éloigne de notre moi divin. Cette dualité se fonde sur l'illusion de la négativité, de la peur, de l'anxiété, de la maladie et de la déception, tout ce qui devient notre réalité lorsque nous ne sommes pas à l'écoute de notre moi divin.

Pendant la méditation, nous utilisons les énergies cosmiques, et celles-ci, en retour, illuminent et stimulent les différents centres spirituels de notre corps. Cette énergie se concentre particulièrement dans la région du centre ou chakra du cœur. Quand nous méditons, la lumière de l'amour inconditionnel s'allume en nous et ne cesse de grandir avec chaque méditation. Nous devons nous rappeler que le chakra du cœur incarne la conscience christique, qu'il est le siège de l'âme. Plus nous nous concentrons sur ce centre spirituel, plus le sentiment de l'amour inconditionnel grandit en nous et plus en retour nous transformons chacun des aspects de notre vie et influençons tous ceux avec qui nous entrons en contact. Tout naît dans le chakra du cœur. Pendant notre méditation, tous les centres psychiques ou chakras de notre corps gagnent en intensité, car ils sont traversés par le courant de la conscience christique qui a sa source dans le cœur. Nous finissons par nous harmoniser à cette énergie ou à ce courant de lumière circulant à travers le corps.

La pratique de la méditation

Quand les gens entendent le mot *méditation*, la première image qui leur vient à l'esprit est celle d'un yogi assis en position du lotus qui répète le mot « Aum » dans une pièce où flotte un nuage d'encens. C'est vrai en partie. Nous pouvons nous asseoir et répéter des « Aum », mais ce n'est pas nécessaire. La méditation est simplement une attention focalisée. Plus nous la pratiquons, plus il nous est facile de nous laisser traverser par une force de vie infinie.

Aussi, plusieurs autres formes de méditation n'exigent pas l'immobilité complète du corps. Dans le présent chapitre, j'exposerai en détail une méthode de méditation formelle, mais il y a plusieurs façons de méditer. Ainsi, nous pouvons aussi focaliser l'énergie alors que nous sommes occupés à peindre, jardiner, écrire, chanter, interpréter un rôle, danser, travailler, faire de l'exercice, conduire un véhicule, etc. Par définition, chaque fois que nous nous mettons à l'écoute de la force créatrice à l'intérieur de nous, nous méditons.

La préparation à la méditation

Voici quelques suggestions pouvant être mises en application au début de n'importe quel exercice de méditation ou de relaxation. Je donne le nom de *préparation* à cette étape.

1. Le choix d'un endroit

Il convient premièrement de choisir une pièce de votre maison pour y pratiquer la méditation. Il peut s'agir d'une chambre, du salon ou d'une chambre d'amis. N'oubliez pas que vous utiliserez cette pièce pour vos exercices spirituels, aussi devez-vous la considérer comme une salle de travail spirituel. Ce qui importe, c'est de garder à l'esprit que ce lieu doit être consacré à la relaxation et au travail intérieur. À l'intérieur de la pièce, vous pouvez aménager un espace où vous pourrez méditer sans être dérangé, où le monde extérieur ne viendra jamais, ou presque jamais, vous distraire.

Avant de commencer, vous aurez débranché le téléphone, les répondeurs et fermé tout ce qui pourrait vous déranger ou distraire votre attention. Si vous en avez envie, vous pouvez brûler de l'encens ou placer un vase de fleurs fraîchement coupées dans la pièce. Vous pouvez passer un enregistrement de musique douce favorisant la détente, mais rien de trop discordant ou bruyant. Ces outils peuvent contribuer à diriger l'attention vers l'intérieur.

2. Le choix de la posture

Vous pouvez choisir de vous asseoir par terre, si c'est confortable, ou dans un fauteuil à dossier droit. Quel que soit votre choix, l'important, c'est que votre colonne vertébrale soit bien droite, comme si l'on tirait sur une corde fixée au sommet de votre tête. Le flux énergétique peut ainsi circuler plus facilement le long de la colonne vertébrale.

Si vous vous assoyez dans un fauteuil, évitez de croiser les jambes et placez vos mains sur vos cuisses, paumes tournées vers le haut. Ou assoyez-vous par terre les jambes repliées, suivant la posture de yoga, les pieds l'un devant l'autre et les genoux au sol. Posez ensuite vos mains sur vos cuisses, les paumes tournées vers le haut.

3. Exercice de relaxation

Une fois que vous avez adopté votre posture de méditation, concentrez-vous sur votre respiration. C'est un élément de première importance dans la méditation. Au début, vous trouverez peut-être que suivre le rythme de votre respiration exige un effort et de la coordination. C'est vrai pour tout exercice, mais encore plus pour la méditation. Avec de la pratique, vous n'aurez même plus conscience de votre respiration ; elle montera et descendra naturellement, à son rythme propre. Le secret, c'est de respirer lentement, calmement et en profondeur, avec l'aide du diaphragme, plutôt que faiblement et à un rythme précipité.

Fermez les yeux et commencez à respirer. Rien d'autre n'existe que votre souffle, car sans lui, il vous est impossible de vivre. Inspirez d'abord lentement par le nez. En même temps, imaginez une lumière blanche aux reflets d'or, représentant la *lumière du Christ*, à cinq centimètres du sommet de votre tête. Inspirez cette lumière pour qu'elle se répande dans tout votre corps ; voyez-la entrer dans la région de la tête, traverser votre gorge et votre poitrine, se répandre dans vos bras et vos mains, puis descendre dans la partie inférieure de votre torse, dans vos jambes et vos pieds. Retenez votre souffle et comptez jusqu'à quatre en imaginant que cette lumière d'or remplit chaque cellule de votre être de sentiments d'amour inconditionnel, de pureté et de plénitude. Ensuite, expirez par la bouche. Pendant que vous expirez, imaginez toute la négativité, le stress ou l'anxiété accumulés dans votre corps sortir sous la forme d'un léger nuage gris. À chaque expiration, vous vous sentirez allégé en vous libérant de ces énergies plus denses et plus lourdes. Ces énergies plus denses seront remplacées par les vibrations supérieures et légères de la lumière d'or du Christ.

Une fois que vous êtes plus détendu, représentez-vous chaque partie de votre corps et libérez toute forme de tension emprisonnée dans cette région. Pour ce faire, contractez les muscles de cette partie du corps puis relâchez-les, ce qui permettra de libérer la tension. Représentez-vous vos orteils en pensée : contractez-les, puis relâchez-les. Faites de même avec vos chevilles, vos mollets et vos cuisses. Passez à la région pelvienne, aux fesses, puis à l'estomac, au diaphragme et à la région de la poitrine. Prenez soin de décontracter parfaitement le dos, le cou, les épaules et toute la région de la tête. Pour finir, contractez, puis relâchez les bras, y compris les biceps et les triceps, ainsi que les mains. Serrez chaque poing, puis relâchez complètement. N'oubliez pas de diriger la lumière d'or vers chaque région de votre corps que vous contractez et relâchez.

Après avoir accompli cet exercice, vous devriez être parfaitement détendu et disposé à méditer. Dans un tel état de détente, il est plus facile de focaliser vos énergies sur l'exercice de méditation. J'ai établi à votre intention une liste d'exercices que je développe dans les pages qui suivent. Cependant, si vous recherchez simplement un moyen d'éliminer rapidement la tension quotidienne, contentez-vous d'accomplir l'exercice de relaxation.

Souhaiter bonne route aux êtres chers

Une fois la période de préparation terminée, vous pouvez accomplir l'exercice suivant afin de remettre l'être cher entre les mains de l'Esprit. Commencez par voir la personne aimée en pensée et imaginez-la debout devant vous, en parfaite santé. Son nouveau corps ne garde aucune empreinte d'une quelconque maladie, qu'il s'agisse du cancer, du sida, de la maladie d'Alzheimer ou de tout autre mal. Même si sa mort fut soudaine ou tragique, imaginez simplement qu'elle est debout devant vous, saine et sauve, radieuse et pleine de vie.

Représentez-vous le plus grand nombre de détails possible. Vous pouvez imaginer la personne aimée dans une robe ou un ensemble familier. Essayez, si vous le pouvez, de sentir son odeur ou son parfum. Peut-être avait-elle une tache de naissance, des manières bien à elle ou une coiffure particulière ? Plus votre représentation mentale sera détaillée, plus l'exercice se révélera fructueux.

Lorsque vous avez une image bien précise de l'être cher dans votre esprit, engagez la conversation. Posez-lui des questions au sujet de son passage dans la dimension de l'esprit. Demandez-lui : *Comment te sens-tu à présent ?* Racontez-lui ce que vous avez vécu depuis sa mort. Dites-lui que vous avez encore de la peine. Parlez à celui ou celle que vous aimez, puis écoutez les réponses qui vous viennent. N'interrompez pas l'exercice, même si vous croyez parler tout seul. Il est important d'aller au bout du processus sans rationaliser une partie ou l'autre de l'exercice. Appréciez le fait d'être à nouveau réunis. Peut-être retrouverez-vous le souvenir de certains moments passés ensemble dans le monde physique terrestre et la joie éprouvée dans la présence de l'autre.

La deuxième étape de cette aventure consiste à prendre la main de l'être cher et de marcher tous les deux vers un jardin magnifique, rempli de fleurs multicolores d'une éclatante beauté. Humez les parfums de ce jardin unique. Dans ce parc aménagé avec art se dressent de remarquables statues et de magnifiques fontaines où des oiseaux s'ébattent en gazouillant. Dans le lointain, vous entendez les voix de jeunes enfants qui s'amusent et rient ensemble. Tout ce qui vous entoure est parfait. Rassasiez-vous de la splendeur, de la paix et de la quiétude de cet endroit exceptionnel.

En regardant au loin, vous apercevez d'imposants édifices. Vous marchez ensemble vers eux. En vous approchant, vous distinguez les piliers de nacre d'un bâtiment remarquable et observez ses reflets légèrement rosés. Tout autour de lui, plusieurs autres édifices sont harmonieusement répartis dans l'espace. Chaque construction de style légèrement différent donne l'impression d'abriter un monde céleste. Vous entrez ensemble dans le vaste bâtiment et vous vous retrouvez dans une immense salle de séjour. Un écran de cinéma est dressé au milieu de la pièce. À l'instant où vous posez les yeux sur l'écran, on baisse les lumières et la projection commence. Ce film présente les événements et les expériences que vous et cette personne chère avez vécus ensemble. Le film débute par votre première rencontre et se poursuit. Pendant que vous regardez ensemble toutes les expériences se dérouler comme si vous y étiez, ressentez l'émotion particulière du moment. Prenez tout le temps nécessaire. Profitez des instants passés ensemble.

Au moment où le film se termine, vous éprouvez une impression de soulagement et de plénitude. Vous avez fait ensemble l'expérience d'un espace de temps, mais tout n'est pas terminé, car le jour viendra où vous vivrez en commun de nouvelles expériences. Vous commencez à accepter l'idée que cet être cher et vous étiez ensemble au cours de vies antérieures et qu'il en sera de même dans vos vies futures. La vie continue, que ce soit ici, sur la terre, ou encore dans les cieux.

Vous quittez ensuite l'édifice pour retourner dans le jardin. Au milieu d'un superbe panorama de fleurs et de verdure, vous apercevez plusieurs êtres vêtus de blanc. *Qui sont-ils* ? demandez-vous. L'être aimé répond : *Ce sont mes guides. Ils m'aident à approfondir mes connaissances de ce côté-ci*. Dans leur regard infiniment sage, vous pouvez lire toute leur compassion. Lorsqu'ils vous rendent votre sourire sans la moindre hésitation, vous savez que la personne aimée est bien à l'endroit où elle doit être. Elle est chez elle, dans un cadre de vie et de croissance sans égal. L'un des guides s'approche de vous et vous tend un cœur en argent suspendu à une chaîne d'argent. Il vous demande d'ouvrir le cœur. Une fois que vous l'avez ouvert, il dit : *Ce cœur accompagnera la personne que vous aimez dans son nouvel univers, remplissez-le des beautés que vous souhaitez lui confier*. Mille et une choses vous viennent soudain à l'esprit. Toutes ces pensées se déversent dans le cœur en argent : tout ce que vous auriez voulu dire à celui ou celle que vous aimez, chaque parole qui n'a jamais franchi vos lèvres, chaque sentiment exprimé ou non, tout ce que vous désirez qu'il garde en mémoire. Voyez ces pensées, ces sentiments et ces paroles venir se loger dans le cœur en argent et le faire étinceler. Votre amour le rend si lumineux que vous arrivez difficilement à le regarder. Placez le cœur au cou de l'être cher, afin que ce dernier l'accompagne constamment. Ce cœur est un fragment de votre amour qui demeurera éternel. Vous serrez ensuite la personne aimée dans vos bras. Celle-ci vous dit alors : *Je serai toujours avec toi.*

Il est temps de revenir sur la terre et, de même que la personne aimée doit poursuivre son apprentissage et ses activités à l'endroit où elle se trouve, vous devez aussi continuer votre travail là où vous êtes. C'est ainsi. Vous quittez cette contrée merveilleuse avec le sentiment d'être vraiment vivant et avec l'assurance qu'un jour vous serez à nouveau réunis dans le jardin de délices, lorsque vous aurez complété votre formation terrestre. La personne aimée sera là pour vous accueillir et vous mener à la maison.

Le pardon et les regrets

Chaque fois qu'une personne meurt, ses parents et ses amis se trouvent souvent aux prises avec des émotions et des regrets non exprimés. *Et si j'avais, si je pouvais* et *si seulement*… sont sans doute les expressions que j'entends le plus fréquemment. Les vivants éprouvent un sentiment d'abandon et d'incomplétude, comme s'ils avaient le cœur brisé, comme s'il leur était impossible de continuer à vivre. Ils se sentiraient bien mieux s'ils avaient une dernière fois l'occasion de partager ce qu'ils ressentent avec ceux qu'ils ont aimés. L'affliction et les remords les empêchent de poursuivre leur route. La méditation suivante est conçue pour dissiper ce genre de regrets.

Au terme de la période de préparation, imaginez-vous debout devant un cottage érigé au milieu d'une splendide prairie. Cette maison de campagne a été construite exactement à votre goût, y compris la couleur, le bois, etc. Elle possède peut-être une véranda avec un rocking-chair, une allée bordée de roses. Imaginez-vous le cottage de votre choix, car il n'appartient qu'à vous seul.

En entrant dans cette maison, vous apercevez immédiatement une salle de séjour confortable avec un divan moelleux, couvert de coussins. D'un côté, il y a une fenêtre panoramique par laquelle filtrent les rayons du soleil. Les murs sont tapissés de papier de la plus haute qualité. La pièce est remplie d'articles que vous souhaitez posséder depuis toujours. Vous devez vous assurer que chacun de ces articles s'est imprégné de votre sensibilité particulière. De l'autre côté, sur le mur de gauche, il y a plusieurs cadres de formes et de dimensions diverses – des photographies de tous les membres de votre famille. Vous voyez les visages des personnes qui sont entrées dans le monde spirituel et de celles qui sont en vie. Prenez la photo de la personne que vous pleurez actuellement et dirigez-vous vers le bureau en bois qui se trouve dans un coin de la pièce. Imaginez un bureau exactement conforme à vos désirs. C'est là que vous accomplissez un travail tout à fait spécial, un travail de l'âme. Prenez-y place et disposez la photo devant vous. Sortez une feuille de papier du bureau et choisissez un stylo que vous déposerez sur le papier.

Regardez attentivement la photo en vous posant la question suivante : *Quelles sont les choses que j'aimerais me faire pardonner ?* Prenez le stylo et faites-en la liste. Vous vous êtes peut-être montré trop critique envers cette personne chère, ou vous n'avez pas exprimé suffisamment votre amour. Peut-être avez-vous le sentiment de n'avoir pas été là lorsqu'elle a eu besoin de vous. Notez tout ce que vous croyez devoir vous faire pardonner. Ensuite, prenez une autre feuille de papier et écrivez tous les regrets que vous avez éprouvés depuis que la personne aimée est entrée dans l'esprit. Écrivez les mots que vous ne lui avez pas dits lorsqu'elle était vivante. Vous étiez peut-être en désaccord sur certaines questions qui n'ont pas été résolues. Peut-être avez-vous l'impression que vous auriez pu l'aimer davantage. Notez tous les sentiments auxquels vous vous raccrochez encore et dont il vous est difficile ou impossible de vous défaire.

Lorsque vous aurez terminé les deux listes, faites-en deux rouleaux serrés. Ensuite, allez vers votre superbe fenêtre et respirez la brise printanière qui souffle doucement dans la pièce. Près de la fenêtre, il y a deux ballons blancs. Glissez chaque liste dans un ballon. Gonflez les ballons, faites un nœud et laissez-les s'envoler par la fenêtre. Regardez les deux ballons s'élever doucement vers le ciel en dansant. Vous les voyez s'éloigner haut dans le ciel, le cœur léger, puisque tous vos regrets vous ont quitté. Les ballons montent de plus en plus haut et vous savez qu'ils volent vers la personne que vous aimez dans le monde spirituel. Voyez-la en pensée recevoir les ballons et lire les messages. Restez quelques instants à la fenêtre en regardant le ciel pour y voir un message en provenance de celui ou celle qui vous est cher. Le message se lit comme suit : *Quoi qu'il arrive, je t'aimerai toujours !*

Redécouvrir votre pouvoir

Dans la vie, nous avons souvent un tel désir d'être aimés que nous sommes pris à notre propre piège. Nous essayons de toutes nos forces d'être la meilleure des épouses ou des mères, le père, l'enfant, le patron, l'amoureux ou l'ami idéal. Comme nous sommes convaincus que c'est ce qui est exigé pour obtenir l'amour d'une autre personne, nous compromettons notre véritable nature. Le plus souvent, nous n'en avons pas conscience et nous ne nous rendons absolument pas compte de notre comportement. Au bout d'un certain temps, ce comportement devient une seconde nature, les jours, les années passent, et nous essayons constamment d'être à la hauteur de l'image que les autres ont de nous. Nous finissons par être déprimés et insatisfaits de la vie, frustrés de n'avoir pu réaliser nos rêves. Il est alors difficile de retrouver les *causes* et les *raisons* des sentiments qui nous habitent. Non seulement avons-nous remis notre pouvoir ainsi qu'une partie de nous-mêmes à ces personnes, mais, ce qui est plus grave encore, nous n'avons pas été *fidèles à ce que nous sommes*. Nous nous sommes *décentrés* et avons cédé une partie de notre sublime plénitude. Malheureusement, nous ne pourrons connaître un bonheur véritable avant de vivre notre propre vie.

Tant de personnes sont cruellement éprouvées par la mort d'un être cher, et cette souffrance est en grande partie la conséquence d'une compromission – trop souvent, elles ont cédé une partie de leur être. À cause de leur désir ou de leur besoin de plaire à autrui, elles ont mis leur individualité en péril et n'ont pas été fidèles à leur vraie nature. Par conséquent, à la mort d'un être cher, comme elles avaient si étroitement lié leur identité à celle du défunt, elles perdent l'estime d'elles-mêmes. Il ne leur reste qu'un sentiment de vide et de solitude.

La méditation suivante peut servir à vous réapproprier cette part de vous-même qui a été perdue, emportée ou cédée. Ayez recours à cette méditation pour retrouver cette puissance créatrice qui vous appartient.

Commencez de nouveau par les exercices préparatoires. Une fois cette étape terminée, imaginez la scène suivante. Vous êtes debout devant un lac serein et sans rides, d'un bleu très doux, qui reflète la palette infiniment riche et variée du paysage : des verts, des bleus, des jaunes et des violets vibrants. Vous sentez l'air frais et revigorant de la campagne. Deux cygnes glissent sur le lac, ajoutant à la tranquillité des lieux. Plus vous contemplez ce lac, plus vous êtes détendu. Vous marchez jusqu'à l'extrémité du plan d'eau et découvrez un ruisseau qui s'y jette après avoir dévalé la montagne. Vous décidez de gravir la montagne afin de trouver la source de ce ruisseau. En arrivant au sommet, vous découvrez une magnifique cascade. Vous regardez en haut vers le ciel et remarquez que la chute n'a pas de commencement. Elle semble tomber directement du ciel.

Vous enlevez vos vêtements et les étendez sur un rocher voisin. Vous entrez sous la cascade ; une eau d'une pureté cristalline vient caresser votre corps, une eau au toucher d'une incomparable douceur, donnant l'impression que des plumes frôlent votre corps. En un instant, vous vous sentez complètement purifié. Vous regardez les eaux du ruisseau qui coule à vos pieds et, comme s'il s'agissait d'un miroir magique, vous voyez toutes les circonstances où vous vous êtes coupé de votre pouvoir. Vous êtes témoin des occasions où vous auriez dû être fidèle à ce que vous étiez. Vous voyez dans quelles situations vous ne vous êtes pas suffisamment aimé ou respecté. Toutes ces images que vous regardez flottent lentement à la surface du ruisseau qui dévale la montagne.

Alors que vous êtes toujours debout sous la cascade, vous remarquez une merveilleuse lumière qui glisse à travers les chutes d'eau. Au moment où cette lumière vous effleure, vous sentez soudain monter en vous une énergie et une créativité toutes nouvelles. Un sentiment d'amour commence à se répandre dans votre corps. Vous éprouvez de l'amour à l'égard de vous-même, puisque vous êtes finalement en train d'établir des liens avec votre amour. Toujours rempli de ces sentiments d'amour et de joie, vous regardez à la surface de l'eau et distinguez maintenant des images très différentes. Vous vous voyez heureux, occupé à des activités que vous avez toujours voulu pratiquer sans vous en accorder le temps. Vous vous voyez applaudi par des gens qui reconnaissent en vous un être tout à fait merveilleux et aimant. Vous voyez votre vrai moi. Vous vous sentez tellement plus léger. Savourez votre force et votre potentiel retrouvés, ainsi que cette confiance en vous-même qui vous habite à présent. Vous n'êtes plus dominé par les autres. Au cours de ce voyage miraculeux, vous avez redécouvert votre moi véritable. Réjouissez-vous.

En vous éloignant de la cascade, vous sentez en vous une présence nouvelle d'une force impressionnante. Vous êtes enthousiasmé par votre moi nouveau. Vous regardez vos vêtements : ils ont été remplacés par une magnifique robe spirituelle. Vous revêtez ce vêtement qui vous rappellera que vous êtes invincible. En vérité, vous êtes DIEU !

Bibliographie

AKEHURST, Ken (avec la collaboration de G.M. Roberts), *Everyone's Guide to the Hereafter*, Essex, England, Neville Spearman Publishers, C.W. Daniel Company Limited, 1992. (Ce médium atteint de cécité est entré dans l'autre vie le 28 juillet 1978.)

BORGIA, Anthony, *Life in the World Unseen*, Midway, Utah, M.A.P. Inc. (Édition en français : *Ma vie au paradis*. Montréal, Éditions du Roseau, 1989.)

HAMPTON, Charles, *The Transition Called Death : A Recurring Experience*, Wheaton, Illinois, Quest Books, 1979.

LEWIS PAULSON, Genevieve, *Kundalini and the Chakras : A Practical Manual – Evolution in This Lifetime*, St. Paul, Minnesota, Llewellyn Publications Inc.

MEEK, George W., *After We Die, What Then ? Answers to Questions About Life After Death*, Franklin, North Carolina, Metascience Corporation.

NORTHAGE, Ivy, *The Mechanics of Mediumship*, Emsworth, England, Ivy Northage.

STEVENS, Petey, *Opening Up to Your Psychic Self : A Primer on Psychic Development*, Berkeley, California, Nevertheless Press, 1983.

Note sur l'auteur

James Van Praagh est un médium qui s'est acquis une renommée internationale par sa capacité à transmettre des messages et des conversations entre les « mondes ». Il a participé à de nombreuses émissions radiophoniques et télévisées et agi comme conseiller officiel de l'émission « The Other Side », à NBC. Il parcourt les États-Unis pour faire des conférences et enseigner que la vie se poursuit après la mort. Il organise des voyages touristiques vers d'importants centres spirituels dans différentes régions du monde, dont le Brésil, l'Égypte, le Mexique et Sedona, en Arizona. Il a produit une série de méditations sur audiocassette ainsi que des vidéos sur le développement de l'intuition. Il réside à Los Angeles.

Le site Internet de James Van Praagh est accessible à l'adresse suivante : http://www.vanpraagh.com

Table des matières

6873

Composition
CHESTEROC

Achevé d'imprimer en France (Malesherbes)
par Maury-Imprimeur le 20 juin 2009.

Dépôt légal juin 2009.
EAN 9782290336885

1er dépôt légal dans la collection : janvier 2004

ÉDITIONS J'AI LU
87, quai Panhard-et-Levassor, 75013 Paris

Diffusion France et étranger : Flammarion